U0111588

大展好書　好書大展
品嘗好書　冠群可期

大展好書　好書大展

品嘗好書　冠群可期

武學釋典：48

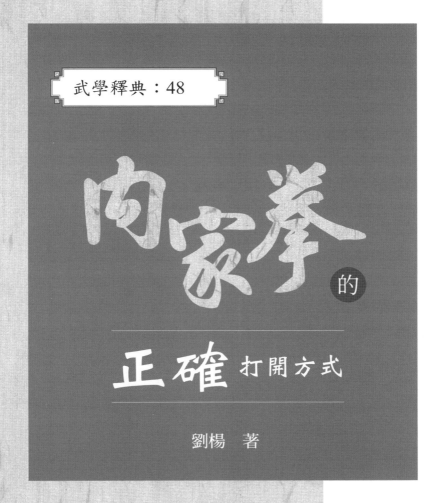

內家拳的

正確打開方式

劉楊 著

大展出版社有限公司

① 與恩師張烈合影
② 恩師張烈之崩拳
③ 恩師張烈之雞形
④ 恩師張烈之猴形

① 與老師們合影
② 恩師吳炳文拳式

① 恩師與師叔切磋技藝
② 恩師吳炳文之尹派八卦掌
③ 恩師吳炳文之龍形
④ 師伯吳紹田之鼉形

① 師門三老合影
② 師叔魏春之鑽拳
③ 師叔魏春之炮拳

編輯者言

《潛確類書》卷六十載：

李白少讀書，未成，棄去。道逢老嫗磨杵，白問其故。曰：「欲作針。」白感其言，遂卒業。

李白聰穎，他能「感其意」，並付諸有效的行動。

學功夫，最難的，恐怕不是下不了苦功，而是不能「感其意」。

以前，武者多椎魯不文，常借用日常之物、勞作之事來表達其意，這倒不失為樸素的好辦法。世代同鄉同里，風俗早就滲進血脈裏，所見所感自然無須多費口舌。悟性好的，能「感其意」而化於自身，肯花工夫，功夫終究能上身。

但，離了此情此景，憑幾句口訣、幾篇拳譜，則很難推斷出其具體練法。

到如今，科學昌明，武者也不再侷限於口傳、身授、心記，圖文、影片等都可作為記錄手段。書刊之豐富，前所未有。可是，不論是手抄本，還是出版物，抑或是師徒之間的授受，隔山、隔紙、隔煙的困惑從未消失。

這其實是一個令人匪夷所思的現象。

　　即使受限於文言之於白話的難懂、方言之於普通話的障礙、授者與受者之水準高低，功夫，總歸是「人」這一個統統是軀幹加四肢的有形之體承載下來的，怎麼會變成一門難以自明的學問？

　　於是，不泥古、不厚今，剖開表象，覓求功夫的實質，找到具體而有效的訓練方法，讓更多人受益於其健養之效，進而對防衛有一定裨益，乃至獲得修養之資糧，就是這套叢書最初的緣起。所以，不限年代，不限國別，不論是藉助多學科的現代分析，還是側重明心見性的東方智慧，只要是對功夫這種探究人體運動的學問有精誠探索的讀物，都在本叢書所收之列。

　　當然，我們已知的科學不能窮盡功夫的原理，更不能窮盡人體的奧秘。

　　正因為如此，我們不應排斥先賢的智慧，更不應止步於此。

　　共勉。

魏序

　　眾所周知，武術是中華民族之瑰寶，可謂歷史悠久，博大精深，伴隨著中華文明薪盡火傳、延續不斷，與其他文化元素一起，構成了國人自強不息的精神基因。

　　內家武學，是中華傳統武術發展到高級階段結出的碩果，它凝聚了以往各種拳術技法的精髓，又吸收了醫、道、釋諸家的內修功法，實現了致勝與自修的統一，最終表現為一種高度簡潔的特性。這種化繁為簡、萬法歸一的特殊武學，是中國傳統哲學思想的具象化。

　　中國傳統哲學講究「天人合一」，內家武學正是以修練者自身為試驗場，引導修練者體認萬事萬物（包括自身）成、住、壞、空的過程，在對「實、有」（構型、技法、速度、力量）的極致追求中，覺悟「空、無」（氣、意、神）的奧妙，進而認識、把握和修練自身之生命本源。內家拳之魂魄是儒、釋、道各家聖者先賢之思想精髓。內家拳之筋骨是各家身心修練實證之法。

　　內家拳之指向，是由拳法中「形」與「意」的修練，去修證、契合、再現歷代聖賢之法印心境。這是其與一般的體育鍛鍊，乃至與一般的武技拳法的最大區別。此立意便界定了其不可混淆、不可含糊的不二法性。

　　是故，內家拳形式雖簡，然內涵深邃，給修習者深究其竟提供了無量空間，也給修習者透過修練，反觀自我、

成就自我、認識自身存在的價值、實現此世此生的意義，
開闢了一道方便法門。

　　今有弟子楊、雲，文以載道，自渡渡人，余為斯序，
願有緣者明之、行之。

魏　春

回首卻把青梅嗅

　　新春伊始，梅花正開，收到了內家拳傳人劉楊的新作。

　　作為中醫人同時又是內家拳愛好者的我，與他相識將近十載。伴隨時間的推移，我越來越體會到劉楊對傳統武學的熱愛和執著。在如今這個傳統文化似盛實衰的年代，這是十分少見的。但從傳承的角度來說，這又是十分必須的。

　　「江湖夜雨十年燈」，正是這種傳承傳統文化的使命感，令我們這些接受了現代文明正規教育的人，一起踏上了一條「生今返古，追根溯源」的道路。

　　傳統文化中的中醫和武術，可以說是實用性最強的兩支學科，但都在現代社會式微了。個中原因，林林總總。內困於傳承斷續，能人漸少，民眾難以常見；外惑於文明西化，字同而意異，百姓不明就裏。加之武術自古就是保家衛國之術，遵「國之凶器，聖人所慎」之祖訓，所以較中醫更為保守，從來都是口傳身授多，著書立說十分少見，所以才有武林秘籍這一說法。

　　尤其是形意、八卦、太極這內家三拳，其拳理根植於傳統文化，從初現鴻爪到形成之日，心法功用，多以道、釋為經，醫、兵為緯。故習武之人可以說一輩子都在鑽研諸子先賢的金玉良言。雖說現在各家拳經基本都公之於

眾，但文意深奧，修習者若無深厚的國學基礎及中醫理論基礎，再無明師指點，依書修習的話恐怕依舊是霧裏看花，事倍功半。

傳統武術和中醫一樣，入其門者，即可強身健體。就這個需求來說，依照一本科普性質的內家拳入門書籍練習是完全可能的。我一直期待有人能寫出這樣一本書來，現在終於等到了。

中醫看一個人是否健康，看的是精氣神。一個人「骨正筋柔」，這樣才會「氣血以流」，做到了這一點則經絡通暢，臟腑調和，才可能身心健康，少些疾病之苦。人只有首先是個健康人，才可能進而發展出抵禦外敵的功能。但如何透過鍛鍊讓自己健康，傳統內家拳裏面保留了更多的老祖宗傳下來的方法，這可能就是內家拳師多數長壽的原因吧！

內家拳的練習，也是針對精氣神的練習。「外練筋骨皮，內煉一口氣。」這句話傳頌廣遠，為中國人所熟知。這本書循序漸進而又十分全面地，講述了入門者應該如何去實踐的具體方法。

首先是建立傳統文化的人體觀點，然後把最為重要的鬆、靜、養三大原則進行了通俗易懂的講解，接下來就從呼吸、鬆開各大關節、如何鍛鍊筋骨等方面對傳統武術訓練體系的關鍵要素進行瞭解析，最後結合易筋經、站樁、拳法（形意起勢）等傳統功法，將具體的修練方法一一備述。對於初學者而言，這無疑是一份入門階段的路線圖。

傳統武術功法，浩若煙海。後輩初學，苦尋明師，也

不過就是求個入門引路的指針。希望每一位有緣此書的人好好珍惜，依法勤練，悉心體會。各家功法有異，各人資質不同，對功法的體會理解上自然不盡相同，但根本原則上不會有太大區別。

萬法同源，萬法歸一，這正是傳統武術的魅力所在。相信大家會體會到，內家拳功真是老祖宗留給我們的妙用無窮的寶貝，也就是那句「大藥在身」了。

讀罷掩卷，窗外梅子已成。正是暮春好時節，是時候舒展身體了。

靜齋主人　蓬遠

自序

　　本書動筆之際，心中感慨萬千。

　　本書本不該由筆者來寫，行文之時，惶恐再三。自忖才疏學淺，學藝不精；又天性散漫，疏於鍛鍊；資質駑鈍，於義理之間領悟不深。前輩同儕，頗多賢明，遠超於我，此書實不當自筆者之手而成之。然而近些年來，社會發展蒸蒸日上，國學諸科均重整旗鼓，力圖恢復，唯有國術之傳承發展，似呈後繼乏力之態。

　　個人淺見，國術自身之理論良莠不齊，多有虛言誇大、邏輯不通、名實不副之「高論」，實乃世人對傳統武術生出種種質疑與偏見之主要原因之一。雖陸續有明師賢達撰文發聲，試圖為後學釋疑解惑，然多自囿於本門本派，或側重於一點一滴，難以搭建起超越「門派」、貫通傳統武術技術體系的認知框架和基本原理，致使門外求學者雖眾，得入門者卻鮮──筆者少年時也是在門外徘徊的眾人之一。此不得不動筆的緣由之一。

　　在生活日漸富足，文明發展日益興盛的今天，在傳統文化方面，大眾卻是漸行漸遠。不僅是關注和投入遠遠不夠，而且多有對傳統文化的誤讀。傳統武術作為我國優秀傳統文化的一部分，不幸也處在此名單之中。然而我國傳統文化、傳統武術實有獨到、精闢之處，只是缺乏研究、整理、提煉、宣傳、普及，導致其真實有益、最富活力之

元素，不為國人所知而已。

令人扼腕嘆息的是，偏偏多有外邦人士對我之國學、國術日漸重視，學習研究之後，著書立說，返銷華夏。兩相對照，頓使人有奮然振臂為傳統文化一呼之念。此不得不動筆的緣由之二。

傳統武術實是理論完備、邏輯嚴謹、功法完備、行之有效的學術體系。不僅義理頗有可觀，法式耐人琢磨，更兼有深刻的文化內涵，習者可從中初窺傳統哲理之深遠意味。今時今日，實不忍眼見其明珠蒙塵，為世人所棄。故奮筆著書，但為傳統武術一言。此不得不動筆的緣由之三。

有此三者緣由，便有此書。筆者不揣淺陋，作此貽笑大方之文，不求入方家之法眼，惟願收拋磚引玉之功效。

此序。

劉　楊

前言

近年來，有一本叫作《解剖列車》的書極具影響力，作者是一位美國人。該書中文版在推拿按摩、武術乃至健身等領域裏備受推崇，不少業內人士將其奉為圭臬，稱在「筋膜經線」方面終於有了理論指導。

然而筆者拜讀之後，並未有興奮之感，只是倍覺悲涼。因為書中內容並不陌生，只不過是由西方學術話語體系建構起來的「經筋學說」罷了。

類似的概念，我國古已有之，不僅有一整套的學術理論，而且在武學和醫學方面形成了相關的應用體系。當然，中西兩套理論並非完全等同，還有一定的差異。不過與「外來和尚」所念之經備受追捧的情況相比，我國傳統的經筋理論卻未受到應有的重視。

不僅如此，對於我國的各種優秀傳統文化元素，某些國人一直抱持著一種全盤否定的態度。這甚至在某些群體中形成了一種「文化正確」。筆者也曾在網絡上宣傳傳統武術，介紹中國傳統武術中對「筋骨」「經筋」「筋膜」的練法，乃至將西式的核心力量訓練概念與傳統武術的「中節功」做比較研究時，有些崇尚西方文明的「有識之士」不以為然，僅欣然接受西方的新概念。

類似的情況還有很多，一方面，有些人歪曲武術、中醫等中國傳統文化瑰寶為落後、腐朽、迷信、巫術。另一方面，盲目崇拜西方思想、理論、方法，深信不疑、不吝

讚美。

　　近些年，最讓人痛惜的莫過於就這樣看著中華傳統文化精髓一樁樁、一件件地從國人的視野中消失，隨之而來的，是傳統文化的議題權、話語權逐步從社會文化主流中退出，「言必稱希臘」的現象重現。就以筆者所關注的武術和健身領域而言——這二者近來逐漸被人們所重視，這本是大好事，反映了人們在防身、健身、強身方面需求的增長。原本我國傳統武術文化，在這些方面積累了千年的實踐經驗和學術成果，如果能為國人所用，善莫大焉。然而，在「西風壓倒東風」的網絡文化潮流中，這些寶貴的遺產，基本直接被無視。

　　眼看著對習武、健身有需求的人們，乃至某些專業人士，一直在追捧西方的文化產品，卻對自己祖宗傳下來的東西視而不見、充耳不聞，深感中華傳統文化的傳承和發展任重道遠。很多人嘲笑傳統武術的理論和訓練體系，落後散亂、雲山霧罩、不知所云——表面看來也確實如此。殊不知傳統武術的理論體系，是植根於傳統文化的，是儒、釋、道、醫、兵等各家思想匯聚而成的，是建立在傳統文化理論的邏輯和話語體系上的。這恰恰是大多數人所生疏的。

　　某些練習傳統武術的人，從思想上並不能理解接受傳統武術的理論。總想用「西方體育理論」去解析傳統武術的技術體系，好比國人用漢語的諧音字去標註外語單詞，自然不可能真實準確地掌握傳統武術的實質和標準，更別提把具體的功法和技法修練到位了。

這點在傳統內家拳法的研練方面表現得尤為明顯。很多人名義上是練內家拳，其實並不能真正釐清內家功法的練習針對的是什麼，不懂內家拳論中對人體的認知是怎樣的一個體系，各種功法是作用於哪裏，相應技法又是如何運作的。

內家拳作為一種業已成形的技術體系，應該是先繼承，再復原，最後創新。要繼承一門學術，連基礎理論都搞不明白，甚至還想在起步階段就用其他學科的理論來解釋其基本技術，怎麼可能在實踐中再現其本來面目？可惜內家拳這一我國傳統武術中的瑰寶，我國古代人體科學中的一顆明珠，就因此與很多愛好者咫尺天涯了。

筆者有幸追隨了幾位內家明師，接觸了有系統傳承的內家學術體系，親身體驗了有層次、有方法、有標準、有校驗的內家武術訓練。

後又經過近二十年教學相長的積累和沉澱，筆者逐步整理出了一套內家功夫實修實證的訓練體系。於是，決心撰寫一本普通人、圈外人也能看懂的，關於內家武學修練常識的「科普讀物」，以饗大眾。

本書將透過九個章節，闡明內家武學的理論框架，辨析世人對內家功夫常見的誤解，介紹內家武學的指導思想、訓練體系以及一些具有代表性的修練方法。

如果有讀者能透過本書，對中國的內家武學有一個系統的瞭解，進而有一部分人士，能夠身體力行實踐並有所收穫，則筆者心滿意足矣，也算是為了傳統文化的薪火相傳，盡到了一份心力。

目錄

第一章

原道明理

研習內家拳，最需要明白的一點是：內家拳並非什麼高不可攀的神技，人人都能夠學會內家拳。

這句話不是一句廣告，也不是開篇例行公事一樣的客套話，而是對練習者來說非常重要的一句話。只要堅定不移地立住這個信念，相信自己，就不會因內家拳修練之路上的種種障礙而困惑。永不退轉，就能最終掌握內家拳。

這也是我們寫書的目的：透過系統梳理、解析內家拳的功法理論，破除籠罩在內家拳上的迷霧，揭開其神祕面紗，還原其本來面目；道破其核心，指明其目的，闡釋其理趣；使大家都能順利地理解內家拳、掌握內家拳，並從內家拳中獲益。

這一切都是因為：內家拳真的並不難學。

第一節

對內家拳的誤讀種種

　　喜好內家拳的人還是很多的，但很多愛好者都覺得內家拳很「難」，學起來既費時又費力，往往耗費數年而毫無所得，這並不少見。

　　其實這種困難，並不是因為內家拳本身有什麼神奇玄奧，也不是內家拳的功夫不易上身，而是難在學習者往往搞不清楚什麼是內家拳，對於內家拳的系統理論知識更是缺乏足夠的瞭解。所以學起來必然事倍功半。

　　如果我們對一件事物連它到底是怎麼回事都不清楚，還怎麼去學習它、掌握它？！

　　可能有的朋友不以為然——我們怎麼可能會不知道什麼是內家拳？

　　是嗎？如果現在問一位內家拳練習者：內家拳的含義是什麼？該怎麼學，怎麼練？

　　我們會得到怎樣的回答呢？包括諸位讀者，也可以在此問問自己，對於這幾個問題，你會給出什麼樣的回答？

　　這幾個問題恰好我們以前也問過一些練拳的朋友，得到的回答是各種各樣的。總的來說，都是一些支離破碎的概念，不成系統，也沒有一個清晰的思路。我們後來總結

了一下，大概可以歸納總結如下：

（1）**神話內家拳的**。此觀點把內家拳無限制地往「高、大、上」方面解讀，多是受各種影視、小說影響，充滿神祕論和不可知論。甚至認為內家拳一旦修練有成，所獲得的不是實在的搏鬥能力，而是各種特異功能，比如能登萍渡水的輕功、隔空打人的氣功，等等。

（2）**「科學」解讀內家拳的**。持這種觀點者堅持用他們有限的生理學知識來剖析內家拳，認為內家拳與一般搏擊術沒有任何區別。堅持用肌肉訓練的理念來解讀內家拳的功法，用外家拳，或者拳擊、散打等現代搏擊術來解讀內家拳的打法。還有一種反向理解的，認為沒有什麼所謂的「內家拳」概念，所有搏擊術都可以稱作內家拳。

（3）**唯「功法」論的**。這一觀點認為內家拳的核心就是某種功法，比如站樁功、發勁功、吐納功；或者鐵掌功、鐵指功、抱樹功，等等。只要學會一兩種功法，躲起來苦練十年，即可成功。

（4）**秘傳論**。這些人喜好對內家拳的學法、練法進行「神祕化」，喜歡鑽研討論所謂的「秘傳」。動輒宣稱某某練法向來秘不示人，某某口訣不入六耳；或是必須半夜練拳的，或是學某個功法必須舉行某種儀式的。若是某個訣竅不是鬼鬼祟祟、偷偷摸摸學來的，那就必然不是真東西、好東西。

（5）**自學派**。這一派認為內家武學就沒有什麼奧秘，現在關於內家拳的圖書資料這麼多，自己看看書、看看影片，在家照葫蘆畫瓢地練一練，就完全可以練成內家

功夫。

（6）**絕對肯定/徹底否定派**。所謂「絕對肯定」，不管自己學到的具體技術是什麼，只要練的名目是「內家拳」，就天然強大，自然無敵，不需要任何證明。與之對立的，是「徹底否定」，認為所謂「內家拳」就是個世紀謊言，根本不存在的，是中國人自己編出來騙自己的，並且堅決不接受任何解釋。

對於以上這些想法，不知道諸位讀者朋友怎麼看？也不知諸位讀者朋友的答案是怎樣的，是不是也與其中某些觀點相契合呢？

我們想，有些朋友看了以上回答可能會哈哈大笑，會說：居然還有人信這個？！但是還有一些人，甚至是一大部分人，是深信不疑、不以為謬的。

他們不知道這些理解有什麼不對。

這倒也不怪這些朋友，因為以上種種認知，就是他們所能接觸到的「內家拳真相」。

一直以來，總是有這樣一層無形的壁壘橫在學習者和內家拳之間，使學習者始終只能是霧裏看花、管中窺豹。對內家拳的理解，要麼懵懂，要嘛片面，要嘛偏頗，總之就是不得要領。

而尋根究底，這種隔閡、這種混亂的認知，正是目前內家拳教學、傳承的過程中，所存在的種種缺失和矛盾造成的。

（1）**內家拳在教學中存在著文化上的隔閡**。內家拳是以傳統文化的世界觀、方法論為指導，其理論體系多用

傳統文化的理論、概念和思維方式進行闡述和構建，甚至有很多還是以古文來表達。而現在人們接受的都是現代教育，習慣的是西式理論和思維方式，對傳統文化接觸不多，對於傳統的語言聽不懂，想不通。尤其對於傳統文化中的陰陽、五行、太極、八卦等概念更是充滿牴觸，本能地覺著厭惡和難以接受。既弄不明白，更不想弄明白。

內家拳其實原本有著完整的、切實可操作的理論，但就因為這些不理解、不接受，也變成「沒有理論」，或是充滿「虛假」「臆測」的理論了。

（2）**在教學實踐中存在著「鍛鍊目的不明確」的問題**。很多學習者所接觸到的內家功法和理論，對於該部功法「到底是鍛鍊哪裏，鍛鍊的目的是什麼」這兩個基本問題表達不清楚，沒有明確的針對性和指向性，使人迷惑。使學習者鍛鍊起來頗有「撒下種子，靠天吃飯」的意思，能練成什麼樣，全靠人品。

（3）**在教學實踐中存在著很多「功法細節不清楚」的問題**。功法細節，就是對身體進行精確鍛鍊的方法，這在內家拳的練習中是非常重要的。

任何一種內家功法都是一整套很細膩的訓練法，對細節要求都很高，拳家俗稱「要練到位」。這些細節規範的是該功法會刺激到何處的深層部位（就是身體平時幾乎用不到，也感知不到的部分），以及透過什麼方法刺激到，最終練到什麼程度、達到什麼標準的問題。可以說，內家拳很多獨特的效果，就是因為這些細節的鍛鍊，才能最終做到的。

然而現實中因為種種原因，學習者所接觸到的功法和理論，細節都比較粗糙、解說也不清楚，學者學不明白，就很難達到應有的效果。

理論與實際契合不上，功法原本設計得挺好，就因為練得不到位，就沒有效果。

（4）也是最大的現實問題：很多學習者接觸到的訓練體系不完整、不系統，無法支持循序漸進的教學。

很多學習者所學的功法和理論只有入門功法，沒有後續的提高功法，久練就遇到瓶頸；或是只有高階段的功法，沒有初級階段的功法，根基不牢，難以入手；更不必談一些專項素質訓練方法和專項強化功法等，可能很多人對什麼叫專項訓練一無所知。最後練起來兜兜轉轉，原地踏步也就不足為奇了。

以上是普遍存在於內家拳的教學日常中的現象，很多人所能見到的內家拳教學形式大多是這樣的，所以產生種種誤讀和曲解也是必然的。

我們提出這些現實問題，並不是想指責哪個人或哪些人，這種現狀也不是某個人或某些人就能造成的。這裏既有歷史變遷的原因，也是社會、文化發展更迭帶來的衝擊，雖令人充滿種種感慨和遺憾，但其實未必不能轉變為我們進步的動力和發展的機遇。

因為，真正的內家拳，絕對不可能是這樣的。否則也不可能流傳幾百年、湧現出一代代先賢大師。

我們所要做的，就是還內家拳以真實面貌，將完整、全面的內家拳解釋給大家，呈現給大家即可。

什麼是內家拳

上一節我們聊到了，學習內家拳的首要問題，就是要對內家拳有個正確並且全面的認知。

要想釐清楚「什麼是內家拳」這個問題，我們還要從頭說起。

如果僅僅是以名詞解釋的方法去定義內家拳，僅僅從技術角度去認識內家拳，不能理解內家拳真正的意義和價值，不能站在一定高度上去思考內家拳，你就無法擁有正確看待內家拳的視角，也不可能真正掌握內家拳的精髓。

我國傳統文化自古以來即分為文武兩道，《左傳》有云：國之大事，在祀與戎；《大學》有云：修身、齊家、治國、平天下。這兩種「道」指導著人們的社會活動和個人活動，教導著人們人生的價值和追求。

文武兩道，即是修身之道。如果說文之一道，注重的是人精神層面的修養，那麼武之一道，注重的則是人肉體方面的鍛鍊。孔聖先師，也身配利劍。文武雙全、出將入相，對古之士人來說，亦是極高的追求和褒獎。武學之道在我國漫長的歷史進程中一直具有極為重要的文化意義和社會意義。

　　華夏先民在漫長的歷史中，一方面與自然界的猛獸凶禽爭奪生存空間，一方面在沙場上與同類攻殺戰守，逐漸總結出了我國的傳統武術。我國傳統武術傳承著祖先的生存智慧和進取精神，又蘊含了我國特有的文化思想，是中華傳統文化遺產中的瑰寶。

　　而內家拳，更是這份寶貴遺產中的瑰麗結晶。

　　內家拳，是以傳統文化中的「氣一元論」和「陰陽五行學說」（「氣一元論」和「陰陽五行學說」是我國傳統的世界觀和方法論）為理論指導，又吸收我國傳統醫學和氣功、丹道學說中關於人體的認知和實踐應用（人體構成、功用、鍛鍊和潛能開發）的經驗和學說，經過長期的歷史實踐，逐步發展起來的武學。簡而言之：內家拳是一門綜合了我國傳統人體理論學說和修練方法的「學問」，堪稱傳統文化在武學領域的集大成者。

　　內家武學理念中，處處鐫刻著我國傳統文化的特徵烙印。

　　（1）內家武學的形成，所本的是我國傳統文化中的人與自然的「天人合一、天人相應」的理念，這是我國傳統文化中世界觀的核心理論。

　　我國傳統文化各種學問均以「天人合一」思想為出發點和最終追求，內家武學也是以其為立論之根基。

　　語云：「天是一大天，人是一小天」，拳譜則有云：「天是一大人，人是一小天」，均是指人體自身也是一個完整的運轉系統，人和自然，都是在同一運轉規律（即「大道」）下運行的既獨立又互相影響的系統，道理相

同，法則相通。所以對於人體的認識、鍛鍊和潛能開發，可以參考自然的運轉規律，藉助自然的力量，並最終達到天人統一。

（2）我國傳統文化歷來注重「以人為本」，人是各種社會實踐活動的主體，故而特別強調人自身的修養。

語云：「聖人設教。」此教，是教化之意，就是說要教人如何修身。

由自身修練和學習，完善自己的人格，為「齊家、治國、平天下」打下基礎，這就是修身的意義。

內家武學先賢李存義曾云：「夫習拳藝者，對己者，十之七八；對人者，僅十之二三耳。」「對己者」說的就是修身的意思。

武學的本質是對自身的鍛鍊。對自身的鍛鍊是一個加強自我認識的過程，透過自身的不斷強大，獲得身體和心靈的雙重提高，進而由對己之一身認知，發展為對自然、社會的規律的認知，這就是武學的教化方式，內家武學也是修身方式的一種。

（3）我國傳統文化崇尚「和諧統一」「貴和尚中」。

所謂和，指的是融合、平衡達到最為圓滿程度。所謂中，指的是沒有是非的境地，超脫的境界。莊子曰：「環中」，視為「道樞」，而拳論則曰：「中正」「渾圓」，也將中、和視為拳術追求的境界。

內家武學的一代宗師孫祿堂先生，在創建「三拳合一」的武學體系時，就特別提出了「中和內勁」的概念，並將其視為中華拳學的本質與核心。

（4）我國傳統文化注重傳承，所以我國傳統文化才得以一以貫之、一脈相承，綿延千年而不絕。

內家武學也得益於此，自幾百年前誕生之時起，歷代先賢師徒相授，衣缽相遞，不斷繼承和發展至今。現在，這份責任傳遞到我們的肩頭，「為往聖繼絕學」，我們亦當自勉，砥礪前行，使其薪火不絕。

以上，是純文化意義上的內家拳。

接下來，我們再來瞭解一下現實意義上的內家拳。以便建立正確的基本概念，知其來龍去脈，才能更清楚明白地認識內家拳。

（1）內家拳是一門基於我國傳統人體理論的、揭示人體如何鍛鍊的「學問」。

這裏的重點在於，內家拳是一門「學問」，不是一項「技術」。它的研究對象，就是人體。

我們知道，人體是一種神奇的生物體。它由眾多超級精密的組織和器官構成，既是我們的意識在物質世界的載體，又是我們完成各種各樣活動的第一工具。無論是源自生存本能的奔跑、跳躍、游泳等種種活動，還是屬於智慧行為的聽、說、讀、寫，乃至觀測宇宙，推衍數術、思辨哲理，都要靠我們的身體來實施完成。

只要人類的意識還不能脫離身體而獨立存在，那麼養護和使用這具身體，就是我們生存、生活所要面臨的首要課題。正因為如此，從古至今，人類不斷地探索身體的奧秘，以延長它的使用壽命，開發它的使用功能，並設計出

了眾多鍛鍊身體的方式。

我們的內家拳，是其中獨特又平易的一種身體鍛鍊方式。

說它獨特，是因為它確實與日常可見的種種運動不同。比如易骨、易筋、騰膜、洗髓……這些概念和方法，在一般的體育理論和鍛鍊方式中確實見不到。其鍛鍊效果，也不是一般健身活動能比擬的。

說它平易，是因為它並不是什麼特異功能、神通魔法。它也是實打實地鍛鍊我們的軀體，其原理、方法其實也可以用生理學和醫學知識解釋清楚，其功效也經得起客觀的檢驗。

內家拳是一種系統的訓練體系，而不是某一種神功或絕技的代稱。因為單純的任意一種功法都不足以完成全部的訓練目標，單純的某個技術也並無大的價值。

整個內家拳訓練體系是在內家拳獨到的理論指導下構建起來的，是由多種訓練方式方法組成的，各自為不同的訓練目的服務。

（2）也是大家最關心的：如何練出內家拳的功夫？

其實答案非常簡單，就是接受內家拳理論指導下的系統訓練。認真按照內家拳的理論原則指導，紮實完成內家拳的功法訓練課程。

可能有的朋友看到此處會想：既然如此簡單，那為什麼現實是很多人習練內家拳，卻不能練出內家拳的功夫呢？

原因自然是多方面的，但我們在這裏最想強調的一

點，就是相當一部分內家拳修練者，從思想認識上，沒有把「內家拳」當作「內家拳」練。

這不是一句廢話。

現實中，很多所謂練內家拳的人，是在用練體操、練健美、練拳擊、練散打、練「氣功」、練冥想等方法，總之不是內家拳的思路和方法，練著他們自以為的「內家拳」。正是因為對內家拳基本的認知都不正確，具體鍛鍊中的指導思想也是混亂不清的，所以自然也練不出內家拳的功夫。

但反過來說，只要能正確認識內家拳的訓練體系（**心法與功法**），人人均可練出內家拳的功夫。

就像那個童話故事，醜小鴨混跡鴨群時，發自內心地認為自己就是一隻鴨子，所以它很自然地認為自己的能力，就是在地上跑來跑去，至多可以去小河裏游泳捉魚。直到有一天，它知道了自己是一隻白天鵝，於是獲得了振翅高飛的能力，飛上了藍天。

所以想要練好內家拳，首先要明白，「原來我是隻白天鵝」。

所以說，最後一言以蔽之，**只有自己的心思契合了內家拳的思路，才能練出內家拳的功夫**。就是這個意思。

以上這些，是內家拳的基本概念，希望大家不要等閒視之，不要對此毫不在意，要真的能理解其中的意思，只有在此釐清對內家拳的基本認知，打下良好的思想和認識基礎，然後才能逐步吃透後續的各種細化的理論和指導思想。只有基本理論和指導思想理解透徹了，然後在實踐中

再去逐步印證，才能順利步入內家之門。

　　但也不必過於誇大它的價值，以上這些，只能算是我們進行了一次「名詞解釋」，給大家解釋了一下內家拳相關的一些基本概念，給大家畫了一個大概的內家拳輪廓而已，還遠遠不足以幫助我們正確進行內家拳實踐。

　　在真正開始內家拳的練習實踐之前，我們還需要深入瞭解一下內家拳的「真面目」是什麼樣的，也就是說，要釐清楚什麼是內家拳的訓練體系和理論，內家拳訓練體系和理論有何特點、特色。而不是讓我們對內家拳的認知僅僅停留在名詞解釋式的概念層面。

　　這是十分必要的，並且是第一要務。

第三節

建立對內家武學的認知框架

那麼，真正的內家拳是什麼樣的呢？或者確切地說，內家拳在實踐層面到底是什麼樣的呢？

首先，我們要再強調一下，**內家拳不是那種「一拳一腳」的打架技術，而是一種體系，是一種獨特的訓練體系**。要理解內家拳，就必須從體系談起。

那這個體系又是什麼樣的呢？

這可不是手握幾本拳譜、嘴念幾段口訣就可以稱為體系的。

內家拳的訓練體系是幾百年來歷代先賢實修、實操、實踐得來的經驗和具體的訓練方式、方法，不是停留在嘴上的「口頭禪」；而是每一天、每個月、每一年你該練什麼、怎麼練，這些都有具體的方法和目標。

內家拳的體系包含兩層主要意思：

（1）按照內家拳的理論循序漸進，從築基到強化，從簡易到困難，從入門到精通，兼顧習練者的理解能力和身體承受能力，身心兩方面共同逐步發展。

（2）理論清晰，指向明確。每一步功法，為什麼這麼練？能達到什麼目的，什麼效果，最後如何應用，交代

得清楚明白。

內家拳是一個層級分明的修練體系。普通人是完全可以按照這個體系循序漸進、由低到高、正確地完成內家拳由入門到精通的訓練的。

這樣一種體系就如同建築圖紙一樣，把如何打下第一個地基，直到建成後的建築物是什麼樣子都完完整整地呈現於習練者面前。這才是內家拳的體系，使習練者有跡可循，只需按圖索驥即可。

其次，內家拳是「**講道理**」的拳。所謂的「講道理」，是說內家拳是基於一系列理論指導而形成的拳。從如何練習，怎麼練習，到如何應用都有相應的一系列理論來論證。我們說，內家拳是傳統文化的結晶，是傳統人體知識的高峰，這不是空談。內家拳是逐步累積發展而來的，是隨著我們祖先的種種社會實踐活動（如傳統醫學認識的發展、戰場克敵制勝的需要等），不斷探索、發展、總結而最終成型的。

這裏面不可或缺的就是社會實踐活動帶來的理論認識的提高，進而由理論指導人體的鍛鍊和應用活動。

它體現的是華夏先人對人體「更快、更高、更強」的追求，並解決隨之而來的「如何更快、更高、更強」的問題。

那麼它究竟是一套什麼樣的理論呢？

它是一套直指「**人體自身根本**」的理論。這即是說，內家拳的理論本質上是關於人體自身提高的理論，是研究哪些方面才是提高人體能力的關鍵點、竅要之處，人體還

潛藏著哪些奧秘，如何鍛鍊開發的理論。

　　內家拳的理論和研究著眼點不在於什麼特殊的技巧，或是某種一學就會的小竅門這種淺薄之術。內家拳很早就認識到，所謂的技巧和竅門都是表象，只有身體能力的提高，才是真正的根本。

　　所以，內家武學的本質是開發人體潛能，即「改造生理、發揮良能」。

　　具體實現的方法是：透過系列功法，改造人體結構，鍛鍊、塑造新的人體運動模式，最終達到人體功能的全方位提高。

　　內家武學理論，是闡述這個體系的指導思想和解讀具體操作方法的一整套理論。內家武學各種練習方法都是按照這個理論指導進行實踐的。

　　最後，內家拳體系的要點是：**功景相參，實修實證**。

　　這原本是修行用語，這裏借用一下。「功」是方法，即你要有正確的方法。「景」是現象，即按照正確的方法練了，會出現何種現象，是有一定規律的。「實修」是說你得真的去認真地練習，不能光說不練。「實證」是說必須理論聯繫實際，不能只停留在口頭上，必須是所說的理論跟練習出來的結果能印證上。

　　每一步功法練到一定程度，練習者身體上會出現對應的、可見的變化，並伴隨特殊的內在感覺。這些身心上的現象不是主觀想像出來的，而是可檢驗、可重複的。

　　綜上所述，內家武學作為一門學問，其研究的主課題，其實就是三個方面：即「人體的構成及運作原理和應

用」、「人體的功能鍛鍊和潛能開發方法」、「人體的拳術運動模式」。對應地，研究這三個課題的指導思想，我們可以稱之為內家武學的「人體觀」「鍛鍊觀」和「運動觀」。

一種發展到成熟階段的內家拳，應當能夠在理論和技術上為後來者提供這三方面問題的清晰答案。更重要的是，在正確的「三觀」指導下，建立起一套系統、完整的訓練體系。由這套體系，後來者可以複製先賢的經驗，修練功法，改造自身結構，重建新的人體運動模式，最終獲得更強勁的運動功能。

所謂系統、完整的訓練體系必然具有以下特點：

（1）**始終堅持以開發人體潛能為最終目的。**

透過拳術修練，獲得強健的體魄、健全的心智，即如先賢所云：「改造生理、發揮良能」，而非一味鑽研狹義上的招數技巧。

（2）**有層次分明的訓練程序。**

普通人可以循序漸進、由低到高地掌握一門內家拳術。其理論闡述清晰，功法指向明確。每一步功法，鍛鍊哪裏？為什麼這麼練？應當取得什麼成效？最後如何應用？都必須交代得清楚明白。

（3）**每一步功法，練習者練到一定程度，身體上必然會出現對應的、可見的變化，如「易骨」「易筋」；同時，會有特殊的「內感覺」出現，如「勁感」「意感」等。**

此種現象是在身體上和意識中真實出現的，不是自行

想像出來的。他人可以檢驗，多人之間可以重複。借用修行術語來說，即是「功景相參，實修實證」。

只有擁有系統、完整的訓練體系的內家拳，才是真正具有生命活力的，才能夠在現代社會存在並發展下去。

以上這些，是初學者所應當瞭解的內家武學常識。希望有志於修練內家拳的朋友，能夠悉心品味，先建立一個初步但正確的認知框架，然後再將各個層次、環節的指導理論和具體功法填入「空格」，從而在頭腦中形成一張清晰、立體的內家功夫修練「路線圖」，再透過實踐，逐步印證，最終踏上內家修練之坦途。

此外，還有兩點錯誤思想需要提請諸位讀者注意：

（1）**自以為自己的理解才是正確、認識是完美的。**這是習練者最容易犯的錯誤，尤其是在粗淺地接觸到一些內家拳理論後，習慣用粗淺的理論解釋內家拳的一切，認為內家拳的全部不過都是某某理論的變化。拒絕更深入、系統的理論學習，甚至否認更深入、系統的理論的存在。

（2）**自以為自己所學拳法是正確、完美的，想當然地認為是至理。**這也是學者最易犯的錯誤。對自己所學有信心是好事，但是盲目認為所學是無比正確、理論已然完美無缺，進而拒絕接受任何不同意見和建議，否認一切其他流派的理論和觀點就是不對的了。

以上這兩點希望習練者在學習內家拳的時候，能時時反觀自身，自省自勵。

這既是一種學習態度，也是一種修練方法。

第二章

內家拳的人體觀

內家拳的理論有很多獨到之處，普通人第一次接觸，往往會覺得十分神奇，甚至是迷惑。但是，須知這些「獨到」，不過是相對於現代人所熟知的生活常識乃至所謂的一些「科學理論」（很多人自以為是的「科學」，其實不是真正的科學，甚至還違反了科學的精神）而言的，它們不過是與現代人所熟知的理論不同而已。

這些看似玄奧的內家拳理論，也不過是我國傳統文化千年傳承之一脈。其精妙之處，都是傳統的哲學、醫學等學術理論的結晶。

僅僅是因為，這些不過百年前的「常識」，已經為現代人所疏離。

於是現在的我們，看不懂前人所言。

於是我們需要一點點地，把這些傳統的精華，再次找尋回來。

前文我們已經提過，內家拳究其本質，是一門關於人體如何鍛鍊、開發和使用的學問。

或者說得更精確些，就如同不同的「世界觀」一樣，內家拳，是一門關於如何建立起一套新的「人體觀」的學問。

這門學問所解答的問題是：

第一，人體是如何構成的；

第二，人體是如何運作的；

第三，如何鍛鍊開發人體。

——它為我們建立起了這三個方面的理論體系。

在本章我們也是從這三個方面，為大家解讀傳統內家拳的理論，幫助大家初步建立起內家拳的「人體觀」。

下面，就讓我們一起進入內家拳的「人體世界」。

第一節

內家武學眼中的人體

　　既然是關於人體的學問，首先就要認清「人體」這個主體——這點非常關鍵。

　　這是因為「你對人體的認識瞭解程度，決定了你能夠正確運用多少人體的功能」。這個道理就好像我們平時使用電腦一樣，同樣一台電腦，對電腦的原理和性能瞭解得越多的人，所能使用的功能就越多——而人體的複雜程度，遠遠超過電腦。

　　看到這裏，可能有的朋友會想，關於「人體」方面，我們懂得很多現代生理學和解剖學的知識，練習一種拳法，這些知識也很夠用了。

　　針對這種想法，我們需要特別指出：對於人體的認識，並不是只有唯一一種視角。

　　這也是為何本章節的主題是「內家拳的人體觀」。

　　大家若要理解內家拳的種種理論，第一步，就是要認識到這種差別。

　　我們知道，一般人對於人體的認知，是以現代生理學、解剖學知識為基礎建立起來的。然而很遺憾，只靠這些知識，是無法完全理解內家拳的理論的，更無法按照內

家拳的方式運用身體。

因為這是兩種理論體系的差異。

傳統內家拳的理論是建立在我國傳統哲學「氣一元論」和「陰陽五行學說」的基礎上的。

可能有很多人一看到這個，就會說這套學說原始、落後，甚至代表了愚昧與迷信。

但是事實上，與外行人道聽途說的認知不同，這是一整套完備、自洽的理論和邏輯思維方式。故而，內家拳的技術體系，能夠被這套理論工具所解讀、研究，進而被現代人掌握，甚至可以進一步發展、提高。

現在很多人無法接受這套理論，僅僅是因為，這套理論看待自然界和人體的視角（出發點），與普通人所接受的關於人體的知識體系看起來不同罷了。

的確，這套理論衍生出的人體觀，與現代解剖學和生理學對人體的認識，雖有一定的相似性，但是更多地表現出根本性的差異。

相似之處是：兩種人體觀都認識到了人體各部分肢體和各個器官的獨立功用。

差異之處是：基於「氣一元論」等理論的內家拳人體觀，更加強調人體的「整體性」，更加注重研究人體全身的器官作為一個整體而存在和運轉。它們相互之間是協調、合作的關係，甚至相互之間充滿了各種「你中有我，我中有你」的現象。

在這裏需要特別強調的是，內家拳獨有的「渾圓概念」和「渾圓理論」，正是基於這種人體觀而衍生出來

的，並借此確立了內家拳的鍛鍊目標和鍛鍊標準。

因此，可以說正是這些思考認識人體的方式，才發現了人體世界的另一番景象，才使內家拳理論得以誕生，才得以創立出內家拳獨特的功法，才產生了內家拳獨特的效果。

當然，我們很清楚，以上這些籠統的說法是難以讓大家理解的，尤其是對習慣於西式思維、對「氣一元論」等傳統名詞又沒有絲毫概念的普通人來說，更是沒有什麼意義可言。

那我們可以把它簡單地展開解說一下——不僅僅是為了幫助大家理解，更是把這段解說當成一個例題，向大家展示所謂的傳統思維是怎麼樣思考的——這點也是非常重要的。

大家從內家拳的人體觀這裏，應該不僅僅是能學到內家拳的人體知識，更是建立一個內家拳的思維方式。

這兩者結合起來，才是完整的內家拳人體觀。

例題解說開始：

簡而言之，就是如果單純從解剖學角度去認識人體，很容易把人體當作一種「由各種零部件組裝而成的集合體」。按照這種觀點，完全可以將人體劃分為若干個彼此獨立的局部，而人體不過是一些各有功用的局部的組合拼裝。我們可以根據需要，重點鍛鍊其中某一個或某幾個部分，而不會影響和牽扯到其他的部分。

這樣固然可以較快實現某些短期的、功利性的目標，但是，對於要追求整體和長期健康的人群，以傳統內家拳

的觀點來看，則是不足取的。

　　內家拳不以局部的強大為健康和強壯，而以均衡發展、整體平衡為健康和強壯的標準。

　　內家拳對人體的認識，是一種比較樸素的系統論觀點。依照這種理論，人體首先被整體看作一個高度複雜的「巨系統」，人體的各個子系統都是從這個巨系統中衍生出來的，它們同出一源，彼此關聯，互相影響。我們不能把子系統分割開來，一旦割裂了子系統與整體的聯繫，那么子系統就會失去作用或者畸形發展，而整體功能也會隨之受損。

　　因此，要優化整體（鍛鍊人體），就必須提升所有子系統的功能，避免出現「短板效應」。即使是要強化某個子系統，也要兼顧與其有關聯影響的其他子系統，否則就是畸形發展，不僅無利，反而有害。

　　基於這種對於人體的認識，內家拳理論根據人體自身功用和拳術應用方面的不同，將人體分為五個系統，分別是：筋骨系統、精氣血系統、經絡系統、神意系統和五臟系統（中醫中稱為「臟腑」，內家拳理論可以不像中醫那麼專精，籠統地稱為五臟）。

　　內家拳學認為，任何人體的動作和功能，從一舉手一投足，到吃飯喝水，以及內家種種「神技」，都是基於這五個系統的正常運轉，或是高效運作而實現的。

　　因此，內家拳的鍛鍊目標，不是某些單一的部位，或者是哪一部分的肌肉。內家拳追求的是這五大系統中的某一個系統，乃至整個系統高效和高質量地運轉。

　　下面我們就逐一將構成人體的五個主要系統為大家做一下介紹，幫助大家重新從內家拳角度再認識一下人體，瞭解一下內家拳狀態下人體的工作模式。

一 筋骨系統

　　首先我們來看看筋骨系統。

　　在內家拳理論裏，「筋骨系統」是我們人體的支架。這點，現代解剖學和內家拳的理解都是一樣的。

　　但把「筋骨」作為一個整體系統來認知，是內家拳的一個特點，也是一個優勢。但也因此，其指代範圍比較廣泛，產生的含義、概念也很多。為了便於理解，我們一步步為大家解說。

　　先說說「骨」，有三層含義。

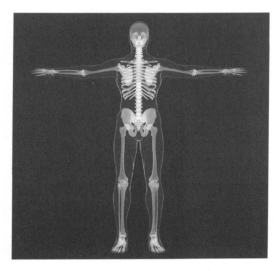

骨骼，是支撐我們的身體完成各種日常活動的「樑柱」

　　首先是指解剖學上的骨骼，這個層面跟現代醫學的概念一致。

　　唯一需要特別指出的是，正確的內家功法能直接促進骨骼的生長，使骨骼更加緻密。習練者開始會感覺到骨頭變得堅硬。

　　注意，這個不是靠外物練成的，比如磕樹、打木樁、打鐵砂袋那類，而是內家功法的自然效果。隨著日久功深，更會練出「骨沉」的效果——此即內家拳所謂的「斂氣入骨」的意義。骨硬好達成，骨沉較難練。

　　其次是指骨節，也就是關節。內家拳的修練，極為重視關節處，這是它與一般搏擊術鍛鍊的一大區別，甚至在某種程度上可以說，鍛鍊關節，方是內家拳修練的入手處。

內家拳對關節有自己的標準要求：

　　人體的每個關節都要練到「骨榫歸位」的程度，即兩段骨骼之間的聯結方式，要像傳統木工活裏的「榫卯」結構一樣穩固。在受力的情況下，關節處不能有絲毫的打軟和支撐不住的情況（內家術語稱之為「斷勁」）。這個要求是為了生成間架結構力。

　　講到這一步，不妨再深入一點點：

　　有解剖學常識的朋友應該會發現，這一步實際涉及關節囊和附著在骨骼兩端的肌腱的問題。純粹的骨節，都是半球面，半球面是無法建立榫卯結構的。所以內家拳手身上，相鄰的兩骨節之間，一個是由關節囊和周圍的肌腱構成「凹面」的卯眼，而另一個是由關節的骨面構成「凸

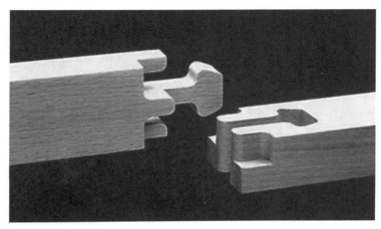

經過內家拳方法鍛鍊的筋骨，會形成類似榫卯連接的結構狀態，這就是內家拳所說的「骨榫歸位」。這時就有了構成「樁架結構」的基礎

面」的榫頭，榫頭嵌入卯眼，才構成了穩固的支撐結構。關節囊和肌腱在生理學上又屬於「筋」的範疇，所以在這個層面來說，內家拳中的「筋骨」是一個整體概念，不能拆開來當作兩個概念分別解讀。

最後是指骨架的整體結構，這也是內家拳理論特有的概念。透過內家功法的調節，人體周身每個關節都達到「骨榫歸位」的標準後，人體骨骼就可以形成一個新的整體結構——樁架結構。樁架結構中包含著若干種由骨骼組成的幾何結構，如圓形、菱形、三角形等。其中以三角形結構的樁架最為典型，例如：形意拳的三體式、詠春拳的鉗陽馬、八卦掌的夾馬樁等，都是以三角形結構為主的樁架結構。

眾所周知，在力學中，三角形結構是最穩定的。三角

形樁架的特點就是衝擊性和抗衝擊性強。正確的樁架，可以經受得住一定強度的砸、挑、推、按、拍、拉、勾等力量攻擊而不變形。而「持樁衝撞」，也是內家拳極有優勢的一種特色攻擊方式。

說完了「骨」，再來看看什麼叫「筋」。

筋，西方醫學的語境下是指「包裹組織器官的結締組織」，這個概念是中醫學也承認的。但是，對中醫和傳統武術中都提到的「經筋」和「筋膜」概念，雙方就有一些分歧了。

尤其是「經筋」概念，早期的西醫認為，在解剖學上這是不存在的。這個觀點不能說完全錯，因為普通人身上確實找不出「經筋」，這是練中國功夫的人特有的，是練出來的。

有好心的外行人想給「經筋理論」找個台階下，說筋是肌肉的古稱，筋就是肌肉。但事實上，筋是筋，肉是肉，不能混為一談。

筋，不是一種單一的身體組織，而是一種複合的身體組織。在普通人身上，筋會因位置的不同，而被冠以不同的名稱，在關節之間的叫作韌帶；在肌纖維束兩端的，叫作肌腱；在骨骼或肌肉表層包裹著骨骼或肌肉的，叫作筋膜。它們籠統地被稱為「筋」。

韌帶和肌腱應該好理解，不瞭解的，去點一份燒蹄筋，或者「筋頭巴腦」研究一下，也就明白了。

一般人不太好理解筋膜——然而這是筋概念中最重要的部分——這主要因為以前西方的解剖學和運動學中不怎

麼提這個。這種舊有的觀點影響了一大批推崇西式理論的中國武術人。

然而，最近二三十年來西方一些醫學和運動學也開始認識到筋膜的作用，逐步發展出了他們的筋膜學說，這才被一些民眾人云亦云地像發現了新大陸似的拿過來加以推崇。當然，還有很多民眾認為這是小眾學說。

總的來說，在西方舊有的解剖學概念裏，筋膜是肌肉的從屬物，算是個輔助系統。這是因為普通人的筋膜實在太弱了，於是解剖學上好歹給了它一個定義，承認它跟肌肉不同，然後就把它放一邊去了。

最近兩年，隨著《解剖列車》等關於筋膜理論的著作的問世，筋膜學說才在中國被提起來。當然，現在更多的人還不能真正理解。一方面，這還是一個新興（**在西方人體解剖學理論中**）事物；另一方面，這個事物，擊碎了太多人的固有概念，人們還很難接受。

然而西方的筋膜學說，還是不能等同於我國的傳統經筋理論。這是因為西方筋膜學說是建立在生物力學的理論基礎上的，是從人體運動中承力、發力、傳力等角度來認識筋膜的作用的。這與我們的經筋是建立在表述人體能量運轉的經絡學說的基礎上是有根本區別的。所以，他們的肌筋膜經線與我們的經筋固然有很多相似之處，但是還有明顯的差異。

在我們傳統的經筋理論裏，對筋膜的認知則深入得多，甚至某些西方筋膜學說流派也不得不重視我們的一些知識理論。

　　首先，在內家拳理論（傳統經筋理論）裏，筋膜的分類就比較細，除了西方筋膜學說裏比較強調的深層筋膜和淺層筋膜等分類外，筋膜還被分為肉膜、骨膜、腔膜三種。肉膜即是包裹肌肉的膜；骨膜是每塊骨頭表層的膜；腔膜則是體腔裏面的那層白膜，也包括包裹內臟的筋膜（腔膜如果要細分，還可以分為盆腔、腹腔、胸腔、顱腔幾種，但在這裏沒必要繼續展開了）。內家拳視這三者都是膜類，並且都是可以用相應功法鍛鍊到的。

　　當然，在目前內家拳鍛鍊中，尤其在初級階段，我們實際應用到的，還是以肉膜為主，很多時候，我們的筋膜概念，約等同於肉膜。

　　所以，如果僅從我們目前實際應用的角度來講，筋膜就是肌肉外面那層白色的膜狀物質。筋膜負責將肌肉包裹起來，附著在骨頭上，在這些附著點上，筋膜會集中形成肌腱，肌肉要經由肌腱才能牽動骨架產生各種動作。

　　需要特別強調的是，內家拳最大的特點就是特別重視對於「筋膜」的鍛鍊，內家功，練就練這層筋膜，術語叫作「開骨潤筋」。

　　這是因為肌筋膜強大後，可以把多條位於身體不同部位的肌肉串聯貫通起來，成為一根彈性鏈條。這根鏈條，包含了長肌及其肌膜、闊肌及其腱膜、肌腱及包裹肌腱的腱鞘等，為了表述方便，我們將其簡稱為「筋腱」，即筋膜肌腱之意。

　　後續章節中凡是提及「筋腱」之處，大家就將其理解為身體某一區域的「筋膜＋肌腱＋肌肉」的統稱即可。

　　筋腱連接成的筋腱束可能很長。其中比較長的，有從腳到頭的、從頭到手的，總之是跨越身體多個區域的。這種遍佈全身的纜繩狀的筋腱束就構成了我們經常談到的「經筋」。

　　因為身體不同部位的肌肉都被筋膜統合起來形成經筋，故而經筋可以產生單一部位肌肉所不能達到的功能，這就是筋膜的價值所在，也是經筋獨特的意義。

　　因此，內家拳明確提出「筋貴肉賤」「寧練筋長一寸，不練肉厚三分」，這兩句話強調的就是「經筋」與肌肉在功能上的價值區別。

　　也因此，我們才說：普通人身上找不出「經筋」。這是練內家拳的人特有的，是練出來的。普通人因為筋膜薄弱，是構不成穩固的肌肉鏈的。

　　故而，內家武者對經筋的認知，是以筋膜為主，肌纖維才是相對次要的，正好和西式體育反過來。

　　正是因為以經筋為主力，而不是局部肌肉為主力，所以內家勁力才能表現出「驚彈」「彈抖」「震顫」等特性。沒見過內家高手發勁的朋友，可以參考一下彈簧和弓弦。大家也可以琢磨一下，為什麼古代的弓弦製作要用動物的筋，而不是找一塊動物的肉呢？明白了這個，就不難理解內家拳為何如此重視鍛鍊筋骨了。

　　綜上所述，對於「筋」，初學者可以先這麼理解：

　　首先，內家拳中的「筋」，是全身韌帶、肌腱和筋膜的總稱，它們的名字雖然不同，但是性質是一樣的。肌肉，或者說肌纖維，是筋的附屬物。

其次，「筋」是一個貫穿全身的整體器官！大家可以把筋膜系統想像成一件穿在皮膚下面的連體緊身衣。筋膜舒展，彈性充足，人就覺得很貼身、很舒服，活動起來很利索。反之，如果這件緊身衣的某些地方被揪緊或者粘連了，就會引起整件衣服起褶皺、扭曲，會讓人很不舒服，輕則疲勞痠痛，重則產生病變。

最後，在實際訓練中，「筋骨」一定要作為一個整體去把握、去訓練。不可能單練筋不練骨，或者專練骨不涉及筋。

好，至此我們可以把筋骨系統的概念歸納總結一下：

筋骨是一個整體系統，在內家拳中極為重要。

筋骨一起構成內家武者的基本身體框架結構。其中以骨為樑、柱，以筋作連接。

骨靠筋以維持姿態，筋賴骨以支撐。這是靜態下的筋骨系統的存在方式。而在動態下，則是以骨為弓背，筋為弓弦，共同構成一個彈力結構。

這就是筋骨系統的基本概念。

精氣血系統

人體有一個日常存在，卻一直被人們所忽視的現象，那就是我們人體的日常活動，都是要依靠能量來驅動的。但是，很少有人去思考，這個驅動我們身體的能量是什麼？

我國傳統文化中對於人體的研究認識到了這一點，並提出了專門的概念和理論，就是「精氣血」。

　　內家武學關注到了這一點，並認真地去思考、探索運用它的方法。

　　在內家武學的概念中，維持人體運轉的能量是精、氣、血。在內家武學語境中，我們並不去研究它們能量之外的含義。

　　精，不是精液的精，而是精華的意思，是指構成以及滋養人體的精微物質。

　　精分為先天之精和後天之精。

　　先天之精是從父母那裏繼承來的生命本源，藏於人體的「腎系統」中。先天之精可以理解為人類出生時，自帶的原裝電池，不可拆卸，也很難充電，存電每天耗一點，耗盡了就要歸天了。無論西醫和普通的中醫都管不了這一部分，最多勸你平時省著點用，可以多用幾年。

　　後天之精主要是指人日常從食物中攝取的營養物質精華，所以也被稱為「水穀之精」。後天之精由「脾系統」從食物中提煉出來，由「肝系統」裝填到紅細胞裏，再由「心繫統」輸送到全身各處。

　　總的來說，精就是指能量的精華。

　　氣，是精演化後生成的、維持人體生命和各種活動的能量，根據功用和來源不同，有很多種類（這個後文會有專項解說）。

　　這跟一般人理解的「氣」是兩碼事。一般人理解的氣是指口鼻呼吸的空氣，這個概念太狹隘了。其實人體之氣的來源很多，有呼吸帶來的空氣之精，更有來源於先天之精、後天水穀之精，所以不能只想到呼吸。

　　氣和精的區別是，氣是由精演化來的，氣更偏向於專項功能方面（所以分為多種），而精則是能量本源。

　　打個比方說，電，好比是我們提煉出來的物質之精；比如，來自核能發電或者是燃燒煤炭發電，是根本能量。電輸送到不同電器上，就會演化為各種功用──各種氣──為人服務，如熱能（電熱器）、光能（燈光）、冷氣（冰箱等）。

　　血，就是一般大家所認知的血液，這點傳統人體觀和現代醫學一致，有所差異的地方在於對血液功能的認知。

　　血，也是由先、後天之精所化，一般與氣並稱，血氣、氣血經常會出現在一起。一般認為，氣幫助血液的運行，而血是氣的載體，是運載能量的工具，由血管和經絡，把氣推送供給到各個器官去。

　　血自身也是能量的一部分。除了有濡養全身的功能外，值得注意的是，血是滋養精神的主要能量。

　　以上是對於精氣血，人體能量系統的概念性解讀。

　　值得一提的是：一般的醫學（甚至部分中醫）和健身理論，最多研究到後天水穀之精（飲食營養）和血液的運行，既管不了先天之精，對氣的辦法也不太多，但好在氣是隨著血走的，想辦法改善血液循環，就可以取得祛病和健身的效果了，具體氣怎麼發揮作用，索性不去管它。

　　唯獨傳統的丹道學說，專門拿出相當的精力，研究怎麼給「先天」那塊電池「充電」，以及氣如何更好地發揮作用──畢竟這才是肉身存活的根本啊。丹道學說的組成部分之二：「道醫」和「道藝」（也就是內家武學），都

或多或少地繼承了一些這方面的理論和方法，所以都有一定的延年益壽的功效。

㊂ 經絡系統

經絡給人的感覺很虛幻，貌似找不到解剖學上的對應物，然而卻是實際存在的、人體能量的輸送管道。

經絡就像自然界的水系管網，人體氣血在其中運行。它內聯臟腑，外達體表及全身各部，同時又是人體功能的調控系統。關於經絡的原理和運作機制，中醫有很多經典著作論述，有興趣的朋友可以自行去學習一下，本書就不贅言了。

在這裏我們要講解的是一些內家武學的觀點，針對的是練習內家武學的朋友所遇到的問題。

一般人總是很容易糾結經絡到底存在與否的問題，然

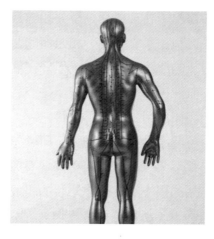

人體經絡模型，是古已有之的「解剖模型」，標註了人體經絡走向。我們可以看到經絡如河道般聯絡全身，是人體能量通道

後又迷惑於無法感知到經絡，當然也就無法運用經絡。雖然在內家拳練習中經絡系統極為重要，但很多人就是不知道該如何把握。

所以，在這裏提醒大家：經絡，儘管一般人無法感知到，但是它卻是有相應的參照物的，就是前面介紹的「經筋」。

經筋走向大致與十二經脈相同。經筋聯結肢體，形成身體的框架，建立起人體的物質支撐；而經脈運行氣血，為臟腑肢體提供能量，為人體提供能量支持。二者分別從物質和能量兩個方面建立起人體的支撐框架結構，密切相關，相互影響。

我們也可以這樣簡單粗暴地理解它們的關係：如果可以把經絡比作一條條河流的話，經筋就是河床，而氣血則是河水。

所以，如果有朋友無論如何也無法理解經絡的概念的話，也可以直接從經筋鍛鍊入手來幫助鍛鍊經絡，也能取得不錯的效果。

只要按照正確的內家功法鍛鍊，就可以由意識、呼吸或肢體動作，於經筋上起作用，刺激鍛鍊經筋，進而就能影響氣血在經絡中的流轉，引導氣血的流向。

關於這一方法，內家先賢形象地稱之為「挖渠引水」。修練者只管刺激經筋（挖渠），溝渠哪怕是初具形狀，水（氣血）也自然會流過去；隨著水流不斷沖刷，又會進一步拓寬河道，真正形成河流（經絡得到鍛鍊），從而進入一個良性循環，得到我們想要的鍛鍊效果。

（四）神意系統

神意系統是西式運動學說裏很少關注的，也是西式人體解剖裏幾乎不會涉及的部分，它們單純把意識作為腦的功能來看待，而未能把神意作為一個獨立的系統來認識。

而神意系統在內家拳理論中，卻是五大系統裏最重要的系統之一。同時也是最讓人困惑的系統。

說它重要，我們甚至可以只是把身體分為兩部分來理解：一是物質部分，二是精神部分。而神意系統自己就獨占了精神部分。

說它讓人困惑，就是因為它代表了人體的精神部分。精神部分就因為沒有直觀的物質，看不見，摸不到，故而令人難以捉摸，難以把握。

然而它確實是客觀存在的，在人體中有極為重要的作用，在內家拳修練中更是占據著相當重要的地位。例如著名的內家拳——心意六合拳，更是直接以「心意」二字命名。足見其重要性。

所以，練習內家拳的我們對於神意系統，必須有正確的認識、清晰的理論和相當的瞭解。

首先，要明白神意確實存在，認識到神意的存在，認識到它在你身體裏獨立的地位。

其次，要明白它是怎樣的存在。

神意，相對於肢體器官等人體的「硬件系統」來說，可以視作人體運作的「軟件系統」，是指揮人體所有活動的司令官。

大家尤其注意不能把大腦等同於神意。大腦是物質層面的，也屬於硬件系統，它是司令部設施，是神意的「辦公地點」。

而神意，是純粹精神層面的概念。

我們練內家拳要身心雙練，既強化身體，又強化精神。所謂鍛鍊精神，就是對「神意」的鍛鍊。神意有專門的鍛鍊功法，也有專門的應用方法。

所以，神意不是虛無縹緲的東西，也不是其他器官的附屬品。

此外，「神」和「意」也是兩回事。

神，是人從誕生之初就具有的先天靈性，是跟肉身一同孕育而生的精神自我。

意，是人類透過後天學習各種知識形成的訊息集合體，是社會給人注入的「程序」，是人類社會文明在個體身上的投影。

好像很難理解是嗎？

打個比方，你用拼音輸入法打字，真正在選字的是你這個人，在你未建立智能字庫之前，你需要逐個選字。但是當你建立一定的字庫後，你可以直接輸入一長串拼音，而字庫基本就能幫你把詞語挑選好。

神，就好比是你自己；意，就是智能字庫。那大腦呢？大腦不過是自帶存儲功能的 CPU。

這是一般意義上的神和意。

下面再就內家武學層面的「意」與「神」的概念做一專門解說。

　　武學裏所用到的「意」，準確地說應該叫作「勁意」。它是武者透過鍛鍊獲得的能力，也同時跟武者自身的身體能力和實戰經驗密切相關。這就跟普通人所理解的「意」，那種單純的思維活動並不完全是一回事，可以視為普通意義上的「意」的升級版。

　　在內家拳具體應用上，它並不是一種單純地停留在大腦中的意識活動，而是體現為精神層面的「意」跟物質層面的「身」之間實實在在的聯繫。意識所要達到的拳學要素，要在身體上有實際體現；意識所要執行的拳法意圖，要有動作的具體表達。這是內家拳獨到的「意識影響身體」的「用意」的特點。

　　其典型的效果，就是不同的「意」，可以引出身體上的不同的勁力──這與單純的肌肉做功有著截然不同的效果。所以，內家拳所用的意一般被形象地稱為「勁意」。

　　尤其是在普通的訓練難以練出一些特殊勁力的時候，以意引導，會有很好的效果。例如，內家拳中經常會提到的「彈簧勁」，這樣的勁力在日常生活中根本用不到，身體也不習慣這樣發力，用常規手段難以求出。此時，就可以藉助意的引導。

　　例如內家拳中練習彈簧勁的方法，就是想像兩手之間有個彈簧，用手反覆按壓，抻拉這個彈簧，藉助這個想像中的彈簧的「抗力」，把身上的相應的發力機制建立起來，從而求出「彈簧勁」。這時用真實的彈簧反而沒有這個效果，因為有真實的抗力存在，身體會把這個理解為日常的肌肉用力，反而練不出「彈簧勁」式的發

力。

這有點像齊白石先生畫的蝦，寥寥幾筆，就能表現出水中蝦兒的動態和靈性。反過來，你貼一張蝦的照片在那裏，反而體現不出那種靈動的氣韻。同理，內家拳訓練，提出了「借假求真」之說，藉助虛擬的訓練道具，反而取得了實操都不能達到的效果。

類似的例子，普通人可能也接觸過。有個很典型的實例，學生時代扔實心球或鉛球，學生用了很大的力氣卻扔不遠的時候，體育老師可能會提示，要想像是往地平線極遠處扔過去，這樣往往會扔得較遠一點。這就是類似用「意」的情況。

當然，在內家拳中，「意」的作用遠不止我們上面所論的那些，那只是離我們最近的用「意」。在比較深入的內家拳理論中，「意」更是勁力的昇華，正如勁力是招數的昇華一樣。內家拳倡導「練勁不練招」，是因為勁力的妙用強於招數；以及「用意不用力」，是因為「勁意」的妙用優於「勁力」，更是因為「意」不是空想、幻想，不是僅僅停留於想像之中，而是身心高度協調之後產生的真實不虛的能力。

習武之人能練出勁力，就算是好手，若是能練出「勁意」，就可稱為妙手了。此處理論比較深奧，不適合初學者，所以本書就不多作論述了。

大家只需正確認識到所謂的「意」，不能僅僅停留於想像之中，只存在於意識層面，而是要能體現在具體的身體能力提高之上，就可以了。

關於「神」，一般人平時是很難感覺「神」的存在的，只有遇上涉及、甚至危及人的生命的事件時，神才會發揮作用。當人產生大悲、大喜、大怒、大恐怖、大疑難，不趕緊解決問題這個人要活不成了，「神」才可能顯現。神的顯現會伴隨著強烈的心理能量的釋放，可以瞬間提升人的智能或者體能。

比如人們常說的「急中生智」，從「意」的角度看，這是講不通的。一件事，你解決不了，證明你現在的知識儲備或者思維推導能力達不到解決它的程度，只能透過學習更多的知識，或者採取更佳的思維推導模式才行，急有什麼用呢？可是在很多情況下，好辦法就是一著急給急出來的。這其實就是「神」發揮了功用。

而內家拳是從千百年的生死搏殺經驗中總結發展出來的，在搏殺時，對手是不會告訴你他打算怎麼攻擊你的，你面對的又都是生死攸關的問題，很多時候「意」是來不及處理的，這反而慢慢把「神」的作用給激發出來了。所以，內家拳也很注重養神、煉神，同時也注重在拳學中發揮神的作用。

在現今的安定社會，人們一般是意識不到「神」的。因為日常生活中所遇到的事情，用「意」來思考、判斷、處理，就足夠了。而在練拳方面，因為神的練法用法要難於意，不僅是初學者，即便有一定基礎的練習者也很難或是沒有必要用到神的練習法，故本書只對神做粗略的概念解釋，不再深入探討。

五 五臟系統

在內家拳理論裏，對於五臟，是分為「器官」和「功能」兩個層面來理解的。尤其是後者，相對於前者更加重要。

器官五臟的概念比較好理解，從現代解剖學的角度來看，五臟，即實體的心、肝、脾、肺、腎五個臟器。看得見，摸得著。這個看解剖圖就能有直觀的認識。

而「功能五臟」，這個理論，可以類比中醫學裏的「五臟氣化」理論，這是我國的中醫學所獨有的。這個概念被內家拳理論體系吸收後，又被內家先賢賦予了在練拳實踐中發現的一些理論，形成了有內家拳特色的一個概念，為了便於大家理解，我們姑且定其名稱為「功能五臟」。

與器官五臟不同，功能五臟研究的不是五臟器官的一般生理上的作用，例如：心臟的起搏，對於輸血功能的意義等，不是這個層面的東西。功能五臟研究的是另一個層面上的五臟的功用，這個層面我們可以簡單將它理解為人體的「生命能量運轉」。功能五臟研究的是五臟在「生命能量運轉系統」裏的作用。

前文在介紹「精氣血」系統時我們提到過了，人體每一種日常活動都依賴能量支持，這個道理如同任何一種電器都離不開電力驅動一樣。人體的生長、恢復、健康、強壯等都依賴能量的維持，這種能量，我們可以稱之為「生命能量」。而「生命能量運轉系統」就是為人體提供能量

支持的系統。

在中醫學觀點中，生命能量是人的根本，內家拳也持這種觀點。這些所謂的「生命能量」，就是我們前文裏提到的「精氣血」。在實用領域，因為氣的作用相對比較突出一些，所以在中醫學裏，將生命能量運轉活動通稱為「氣機」和「氣化」，重點研究「氣」的運轉變化。其中，「氣機」是指氣（能量）在人體中的運轉（中醫將這種運轉模式總結為「氣的升降出入」）；而「氣化」是指在氣的運轉過程中產生的各種變化，相當於人體的新陳代謝。當然，中醫學中氣的概念和理論含義更深，也更複雜，我們在這裏引述中醫的一些觀點，只是為了幫助讀者們初步建立起這個「生命能量」的概念，為大家理出一個思路，便於我們後面討論內家拳的「功能五臟」的概念，故不做過於深入的探討。

所謂「功能五臟」，是以相應的器官五臟為主體，綜合了多個臟器功能的「功能系統」。它並不是指具體的某個器官，而是分別指代服務於人體「生命能量運轉」活動的五大類「功能」，這是五臟系統的最大意義。

雖然說的是五種功能，但是仍用五種臟器之名稱呼，因為這五種功能，主要由這五種臟器來主導實現的。

五臟系統的功用如下：

1. 腎系統

「腎」系統的主要功能是藏精，即是儲存人體中維繫生命所需的「能量」的系統（所以腎也負責人體生殖功

能）。

人體的生命運轉需要生命能量，而生命能量的本源就是「精」，精有先後天兩種來源，這兩種「精」都儲藏於腎系統。

其中先天來源是父母，即父母給的生命最初、也是最根本的能量。因為不是由吃飯喝水等補充能量的活動獲得的，所以被稱為「先天之精」。

「後天之精」，指的是我們由日常所吃食物所獲得的，經過脾系統轉化的能量。

這兩種能量合稱「腎精」。在這之中，最重要的，是先天之精，先天之精是腎精的基礎，後天之精是補充。所以腎精所化之氣，也屬先天之氣，就是「元氣」。「元氣」也是人身的根本之氣。這是因為腎精和元氣最大的功能是主司人體的生長發育和生殖。所以腎也被稱為人體的「先天之本」。

人從出生開始，到垂垂老矣，每個階段的身體生長發育狀態，都取決於腎精充足與否。腎精充足，則元氣充足，則也有鶴髮童顏；腎精不足，則元氣不足，則也有少年早衰。

人體之中的髓，也是由腎精化生。髓分為骨髓、脊髓和腦髓。所以腎精對於骨骼的強健和腦的發育，都有極大的影響。

這是腎系統的基本功效。

在內家拳練習方面值得一提的是，先天之精雖然是腎精的根本，不過對於「先天之精」，一般人不知道怎麼開

發，只能在生命過程中自然提取，慢慢消耗。

有的中醫把腎精（其實說的是先天之精）比喻成鈾礦，蘊含的能量比煤、石油強得不可以道裏計，但是開發利用不易。內家拳即由特定的功法，可以激活它。這是內家拳獨到之處。

對於內家拳來說，腎系統，是生命能量的總倉庫，內家拳鍛鍊主要是強化它能量供給和促進人體生長發育的功效。

2. 脾系統

「脾」系統主司「運化」，也就是主管消化、運輸功能。人們每天吃的食物，要由這個系統負責消化、吸收、運輸。由脾系統將我們所吃的食物，轉化為「水穀精微」，也就是「後天之精」，然後輸送全身。我們可以把脾系統比作發電廠，日常的食物就像煤或者燃油之類的原料，「脾」負責將這些原料轉化成電力。

因為人體日常運作（人的日常生活）所需能量的主要來源是飲食，也就是「後天之精」，這都依賴脾系統的吸收、消化和運輸。脾系統將水穀精微吸收並輸送到全身，使全身各個器官和組成部分獲得能量和營養，從而能正常發揮功能，所以脾也被稱為「後天之本」。

脾所化生的水穀精微同時也是後天的「宗氣」和「血」這兩種能量生成的主要來源之一，所以脾也被稱為是「氣血生化之源」。

人體的肌肉，都有賴於水穀精微的營養和能量供給，

才能發育壯實和正常發揮功能，所以脾系統的功能，對於肌肉發育有關鍵的作用。

以上是脾系統的基本功效。

對於內家拳來說，因為脾系統主管人體日常運轉所消耗的能量的供給，內家練脾，就是強化它這方面的能力，以促進能量的高效供應。同時促進肌肉強健發育。

3. 肺系統

「肺」系統廣為人知的生理功能是呼吸。即由肺，空氣中的氧氣才能加入體內循環，體內的二氧化碳等廢氣才能排出去。

呼吸對人體的重要性不必贅言，大家都很清楚，任何一種體育運動都不會忽視對肺功能的鍛鍊。

內家拳自然也是如此。

但是，內家拳對肺功能的著眼點不僅僅在於呼吸作用上，在「功能五臟」理論看來，肺系統的價值是體現在「肺主一身之氣」的功效。

什麼叫「肺主一身之氣」呢？就是說，跟「氣」這種能量有關的功能，包括氣的生成、運行等，大多由肺系統主司。包括：

（1）**肺主呼吸，即呼吸之氣**。人體內外氣體交換要經由肺的呼吸。

（2）**肺主生成宗氣**。

宗氣是呼吸的清氣和飲食的精氣（*由脾系統輸送過來的*）結合而產生的，宗氣是在肺系統化生的。

　　宗氣是人生命活動的重要能量，它為肺器官的呼吸功能和心器官的行血功能提供能量；還有，同時也是最關鍵的，宗氣可以充養先天元氣之不足，又是和先天元氣結合化生一身之氣。

　　因先天之氣是由先天之精化生的，先天之精有限，所以先天之氣也是有限的。所以一身之氣的強盛與否，關鍵看後天之氣是否充足。所以也可以說，是肺主司一身之氣的生成。

　　人體氣（能量）不足，先天原因在腎系統，後天原因在肺系統。

　　（3）這也是非常重要的一點，**肺系統主宰全身「氣機」**。「氣機」是指氣在人體內的運動，在中醫理論中是指「氣的升降出入」活動，身體各部功能的正常運轉，基本依賴氣在周身的順暢運轉提供支持，而氣的運轉，是由肺系統有節律的運動所調控的。

　　內家拳重視練氣，內家拳理論最重視的就是肺主司一身之氣的生成和運行的功效，故而內家靜功和養生功等多從呼吸吐納入手練習；動功則多從練肺入手。如形意拳，一般都是從劈拳入手練習。劈拳五臟屬肺，就是應用這個道理。

4.肝系統

　　肝系統的主要意義在於肝為「血之藏，筋之宗」，此二句即是肝系統功能的點睛之筆。

　　首先，前文我們提過，血是潤養身體的生命能量的一

種。肝的主要功能是儲藏血液和調節血量分配，故有「肝為血海」的說法。其中，肝功能以藏血為主，調節血量的功能是以藏血為前提的，只有血量儲藏充足，才能調節血量。

所以對肝的鍛鍊，就是著眼於強化它的藏血功能，保證血量充足。

其次，筋——主要是筋膜、肌腱和韌帶——依賴於肝血的濡養，所以有「肝主筋」「肝主身之筋膜」之說。肝血充足與否，對筋力影響極大，肝血充足則筋力強勁，運動靈活，既能耐受疲勞，又能較快解除疲勞；肝血不足則筋力衰敗，肢體運轉困難，動作遲緩，容易疲勞。所以有肝為「罷極之本」的說法。

這裏有必要再提一下，從內家拳理論的觀點來看，人體的運動並不主要是局部的肌肉支配的，而是筋的作用，這是因為人的運動是整體性的，而非局部性的。而人體是由筋聯通成為一個整體的，所以內家拳在肉體方面重視練筋。也因此，肝系統對於筋的濡養作用，人肢體的運動能量來源，就是依賴肝的氣血作用，這個理論，對內家拳鍛鍊的意義很重要。

最後，綜上，在內家拳修練上，看重的是肝臟的強健對血量充足的影響和對於筋的強壯的影響。

5. 心系統

心系統有兩個主要功能：一是心主血脈，二是心主神志。

心主血脈，這個比較容易理解。首先，這是從「血」和「脈」兩個方面體現的。

血，指心化生血和心運輸血。

人飲食獲得的水穀之精與「心氣」（就是心系統產生的能量。五臟系統都產生自己的能量，透過能量發揮作用）結合，生成血液。所以血，也被稱為「心血」。這是心化生血的作用。

心運輸血，是說人體所有血液都要流經心，在心氣的作用下，輸送到全身。心氣為血液的運行提供動力和調控支持。

脈，是指心氣推動心臟這個「大水泵」的跳動以及脈管的舒張和收縮工作。心氣充沛，則心臟跳動有規律、有力量，脈管的舒張和收縮也有規律，脈管通暢；心氣不足，則心臟跳動不規律，血脈阻塞不通，舒縮失常，血液不能正常輸送。因此，心的強健，對於血的輸送和脈管的通暢，都有重大的影響。

然而，心系統最關鍵的，還是心與「神志」的關係。中醫理論說，「心主神志」，這是一種相對狹義的說法，偏於後天意識方面；內家拳理論則更願意稱之為「神意」，這是相對廣義的說法，偏於先天的神的方面，這也是指向了內家拳鍛鍊的目標根本。

現在，為了便於理論理解，我們可以籠統地稱之為「神」，理解成人的意識、思維等精神活動即可。

無論中醫理論還是內家拳理論，都認為心系統主導控制人的生命活動和意識、思維活動，從這個角度講，神也

可以被稱為「心神」。人的身體各個部分、器官，尤其是臟腑的生理功能，都必須在心神主導和調節下分工合作，共同完成整體的生命活動。心神安定正常，各臟腑才會工作協調有序，才會身心健康。

那麼，心神又是怎樣主導人的生命活動的呢？根據內家拳理論，這是因為「神」和「氣」息息相關。展開來說，就是神能控制調節人體的氣、精、血這三種能量，而人體各個器官，依賴臟腑的運轉提供能量，而臟腑則依賴氣、精、血三種能量的支持。神就是由控制調節這三種能量來主導身體的生命活動的。

有必要提出來並詳細說明的一點是，心也是「藏神之所」。這即是說，心是人的「神意」休養居住的地方。這是相對於腦為「元神之府」的說法，腦是「神意」的工作場所。所以，若要休養「神意」，關鍵在於「養心」。

在內家拳修練上，首重強化心的養練神意的功能，其次是心對於血這種能量的化生功能。

以上是對五臟系統粗略的概括性介紹。簡單總結一下：五臟系統基本功能就是相互協作，由精、氣、血等能量形式，在身體內部各個器官和組織之間，以及身體內外環境之間，進行著能量的生成、循環和交換，維持著我們生命的運轉。

看完人體五大系統的介紹，可能大家還是會覺得很散亂，沒有一個主線，五大系統也聯繫不到一起，透過這樣的人體觀理論，看不出人體是怎麼運作的，不像解剖學介

紹的那麼直觀。

但其實在內家拳理論裏，人體的五大系統，確實是有一個主線將它們串聯起來的，有一個「一以貫之」，這個「一」，就是「氣」，也就是生命能量。

內家拳的核心是「氣」，內家先賢宋世榮先生有言：「善養氣者為內家，不善養氣者為外家。」因為人體也是圍繞著「氣」這個核心構建起來的。這一理論在上文介紹五大系統時，也多有提及。

這個理論怎麼理解？其實內家拳理論是這麼看人體的：人體就好比一輛汽車，什麼車外殼啊，噴漆啊，真皮座椅啊，天窗啊都是虛的；什麼樣的發動機，燒什麼樣的油，動力是否強勁才是真格的。就是說，發動機、燃料這些是車的核心，是決定車性能的根本；車體框架輪胎等，都是圍繞發動機搭建起來的。反映到人體上，就是五臟系統類比發動機；而精氣血就是燃料；五臟系統功能強壯與否就是動力是否強勁，這是根本；筋骨系統是車體；經絡系統是管線，算是輔助；神意系統，就是駕駛員。這五大系統齊備，車就能上路了。

這麼一比喻，大家是否能對五大系統有個直觀的認識了？

但是，慢著，雖然這麼簡單的理解也可以，用於指導一般性的內家拳鍛鍊也夠用了。但是，汽車的比喻畢竟還是一種對內家人體觀的粗淺理解，不是特別準確。

細心思考的讀者可能發現了，這個汽車的比喻，解答不了兩個問題，那就是在這個比喻裏，「精氣神」這些能

第二節

內家武學的身體運作模式

什麼叫「內家武學的身體運作模式」呢？它有何重要性，有必要放在第二節？

這可能是很多讀者朋友看到本節後的疑問。有疑問就好，這恰恰說明了普通人對內家拳知識點的缺失，或者是對此問題缺乏應有的重視和關注。

這一節，我們就為大家解讀內家拳武學的「身體運作模式」。

所謂「身體運作模式」這個概念，指的是：身體按照什麼樣的理論思想指導，運用哪些身體部位，按照什麼樣的運動方式，發揮出怎樣的作用，達到怎樣的效果。

看到這個定義，有朋友可能會想，這純屬多餘啊，人都有雙手雙腳，動起來不都一樣？內家拳理論做出這麼個定義來，難道還能玩出什麼別的花樣？別這麼費事，乾脆直接告訴我們內家拳該怎麼練就得了！

正是因為常人有此類誤解，我們才要把「身體運作模式」單獨拿出來給大家解說。因為，內家拳的動態真的有別於一般的拳法和運動。

這一點在我們上一節介紹人體觀時就有所體現，內家

拳的人體觀迥異於指導現代體育運動的人體解剖學，其理論所關注的要點也不同於一般的體育理論，就因為它是專門為內家拳的運作模式服務的。

這就造成了，所謂內家拳的練功，不僅僅是身體的強化，其本質更是人體的全面改造。一個內家拳的練習者不能還像普通人那樣運動；普通人的動態，也絕對體會不到內家拳要求的東西。所以有「新的運作模式」一說。不懂內家拳是怎麼動的，就無法懂得內家拳該怎麼練。

這也是很多內家拳練習者久練而不得其法、不長功夫的主要原因。

所以，在討論內家拳該怎麼練之前，我們必須先瞭解在應用內家拳時，身體是怎麼一個狀態，又是怎麼運作的，然後才能真正懂得該怎麼去練。

因此，我們需要把「內家武學的身體運作模式」放在第二節。

過去內家拳的教學也是如此，如果徒弟對拳理功法理解不了，老師就需要親身示範。

這個親身示範最「秘傳」的，就是要讓徒弟上手摸自己身上的筋骨結構、筋骨運動、勁力傳導等運行軌跡，感受內家武者與普通人身體結構及運作模式的不同，幫他在頭腦中建立起對內家拳運作模式的正確認識。這種親身的觸摸體會是最直觀清楚的，師父們就是靠這種辦法讓徒弟知道所練功法最終要達到的目標是什麼。因此，過去有「寧傳十手（*招法*），不傳一口（*心法訣竅*）；寧傳千口，不讓一摸」之說。

這「一摸」是關鍵的關鍵。

本章把「內家武學的身體運作模式」放在「訓練體系」前面，其實就是用文字闡述一下過去「一摸」的那些「秘傳」內容。

有一點要特別一提，那就是內家武學的身體運作模式不止一個。這個特點是依據人體改造的程度不同而區分的。通俗來講，就是有「多大肚子吃多少飯」，身體開發到什麼程度了，才能用出什麼程度的東西。

所以，根據身體改造開發的程度，內家身體運作模式大致分為以下幾個層次。

第一層境界，叫作「骨力」階段。

處於這個階段的修練者已經初步完成了筋骨系統的改造，形成了新的人體骨架結構。

這個階段的外在表現有：

（1）骨骼得到氣血的滋養，變得沉重、堅硬。如果說一般人的骨節像木棒，則修練者的骨頭像鐵棒，重得好像能從皮肉形成的「衣服」裏脫墜出來。

（2）此種境界下產生的勁力叫作「鬆沉勁」。這種勁力撘到對手身上，具有較強的穿透力。對於內家拳手來說，骨不沉重，則無法做出「脫骨透勁」，等於槍炮沒有子彈。

（3）關節，特別是肩、髖等大關節活動量增大，骨架整體運轉更加靈活。拳諺語形容這個狀態叫「骨動肉不拘」，這是內家筋骨訓練與外家「強筋壯骨」的筋骨訓練的區分標誌。

　　這個階段的身體運作模式是這樣的：

　　首先，軀幹部位，主要指腰椎和骨盆部分，形成了一個人體運動的總動力源。拳論之中稱之為「氣力淵源」「腰囊」「中節」。內家拳理論發展成熟後，統稱之為「丹田」。練習者可以以丹田為核心來帶動四肢。

　　其次，身體已具備骨架結構（術語叫作「間架」），無論整體和局部，都已符合力學原理。體現在：在靜態中，隨時處於穩固而富有彈性的榫卯式支撐結構，拳譜上稱之為「一身備五弓」；在動態中，則可形成連桿式的力量傳導結構，此種狀態，可以稱為「剛體渾圓」。

　　處於這個階段的修練者，因為形成了「以丹田為核心，帶動身體骨架結構」的動力模式，所以身體已然具備了初級的整勁。這就可以做到隨時發動身體向對方進行整

宋氏形意拳子午式的靜態，展示了「間架」的狀態

動態子午式在對敵時展出「剛體渾圓」的整勁

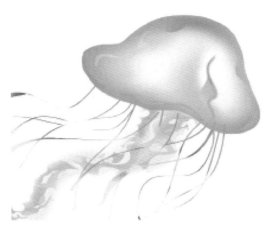

水母的運動——內家境界的「鼓盪」運動的直觀
展示。注意這是一種三維運動，兼有前後、左右
和上下的運動。

上所謂的「鬆緊鼓盪」即是此意。

　　這種運動模式不太好理解，我們可以參考下動物界的
例子，比較直觀、典型的就是水母的動態。大家可能覺得
這個例子比較萌，不像前面幾種那麼威猛。不過換個角度
想想，如果你在水中遇到體型在一米五以上的越前水母一
類的巨型水母，那恐怕就不是多有趣的事了。

　　以上介紹的都是大家日常能接觸到的內家高手所表現
出來的境界，有機緣的朋友或許就能遇見，甚至親身體會
這些師父們的演示。

　　下面所敘述的兩種境界，大家可能多見於拳譜所載或
是僅僅在傳說中聽說過。不過沒關係，你也許不信，但不
可不知道。因為我們練拳必須知道這兩種境界存在，然後
才能有所追求。追求遠大一些，才會取得更高的成就。

因為這種境界確實難以練到，所以不做詳細敘述，只做大致介紹，供大家參考。

第四層境界，稱為「意氣」，或稱「勁意」。

這一步，修練者要經由修練，對自己練功和搏擊時所採取的思維方式進行控制。眾所周知，意識對我們的身體行為有支配作用。

普通人的思維內容和思維方式，主要是應對日常生活中的常見問題。如果要從事某項體育運動，生活中的思維運算方式顯然是不夠用的，必須進行專門的培養訓練。而搏擊對抗作為一種烈度較高的運動項目，要求武者對對方的各種攻擊瞬間做出正確的，或者說不那麼錯誤的判斷，並指揮身體做出相應反應。而一般人是根本沒有相應的認知和處理經驗的。

普通人剛走上搏擊場時，最多能做出一些源自求生本能的反應，比如抱頭、低頭、逃避或者胡掄亂打等。經過一段時間的訓練和淘汰，一部分敢打敢拚的人可以留下來，但是他們在場上的思維狀態往往是狂暴、混亂的，過去稱之為「一腔血勇」，難以對抗經驗豐富、頭腦冷靜的強手。現實中有些自以為具備一定搏擊能力的傳統武術練習者，上了擂台以後被對手打得七葷八素，一個重要原因就是平時對抗訓練少。他的意識還停留在練功、拆手或者某些低烈度對抗的程度，一旦進入高烈度對抗時，他的意識處理不了對方運動產生的速度、力度和頻率等訊息，結果表現得像個完全不會的人。

高水準的搏擊意識，必須經過長時間、高強度、真對

抗的訓練才能培養出來。內家拳法，作為搏擊運動進化到高階的產物，對意識訓練更是有其特殊要求。

　　簡單來說，修練者必須要用特殊的意識思維，將前三層次修練（筋骨、氣血、內膜）所獲得的運動功能統合起來，發揮加成功效。好比現代戰爭的 C4I 系統，可以把海、陸、空等諸兵種由訊息系統整合起來，發揮「戰力倍增器」的作用。

　　意拳宗師王薌齋先生將拳法中的意識訓練稱為「意中力」，似乎更為貼切。因為這種意識，必然要有相應的實際效果表現。運用了某種意識，必將取得某種一般達不到的效果，這樣才是真正的內家拳的意，而不是空想就算完的。而這些意識的效果，往往以某種極為高效的勁力形式表現出來，所以又被稱為「勁意」。

　　第五層境界，稱之為「神明」。

　　形意拳譜描述拳術至境，用了一句頗具禪意的話，叫「拳無拳，意無意，無意之中是真意」，為世人津津樂道。實際上，拳法和勁意不是真的「無」了，而是昇華了。從戰鬥能力、戰鬥意識上的碾壓，轉化為一種對敵方的精神的威壓。如虎將食羊、蛇欲吞蛙，哪還需要什麼專門的技法和思考，順著自身的本能，想怎麼吃就怎麼吃就是了。這兩種境界已經涉及人的意識，乃至精神層面的功能，超出了普通人的日常所見，語言文字也很難表達，就不在此詳述了。

　　以上就是內家武學的主要身體運作模式。從中不難看出，內家拳對人體的運用思想，絕不同於一般搏擊術。它

不是以拳、腳、膝、肘、臂、腿等某個部位的搏擊功能為核心去構建一項格鬥技術，而是透過對人體骨架、經筋、筋膜、意識的整體關係進行調整、重組，賦予身體一種全新的運動模式——這種模式實際上更接近於動物的運動，乃至捕食、獵殺的狀態。然後以這種運動模式為核心，再去構建外在的技術動作。典型的例子，就是形意拳的十二形。

如果再往深裏研究，體認一下內家拳的五種身體運作模式，我們還可以發現，這些運動模式，有很多簡直不像人體能做到的。

沒錯，前面我們提到了，所謂內家拳的訓練，其本質可以說是一個人體改造工程。這個所謂改造不是給你換身體零件，大家不要往這個方向上想。這個所謂的人體改造，是改變你舊有的身體結構和運動模式，重新安排身體各部位的協作關係，對身體各部位的動能進行強化。

那這個人體改造是怎樣一個思路呢？這是一條「逆進化」的路線。老前輩們借用了丹道的一個術語——「返先天」，來表達這個概念。

什麼叫「逆進化」「返先天」呢？其實說白了，就是要把我們的身體結構，從兩腿著地的靈長類，「倒退」回四腿著地的貓科類動物，再「倒退」回主要依靠脊椎帶動身體運動的鱷魚、蟒蛇等爬行動物，最後「倒退」回水母、章魚等無脊椎動物。不如此，達不到內家拳的要求，做不出內家拳的東西。

當然，這個倒退，不是真的肉體上的「退化」，其實

是恢復某些我們本來應該具有，但是被日常生活「荒廢」掉的運動功能，正所謂「用進廢退」。拳譜上稱之為「靈性」，我們需要向動物學習一些它們表現出來的「靈性」。

如果不能理解這個「返先天」、向動物學習的意義，可以瞭解下最近冒出來的「爬行健身」等概念，它所倡導的理念就是：人多進行動物或是嬰兒的爬行運動，有利於身心健康。

明確了這個思路，我們再看內家拳法的各種訓練方法就很清晰明白了。

明確了這一點，我們也就不難理解內家拳與普通體育運動在訓練思路上的區別了。

一般人對於一項體育運動的理解，可能是：

（1）學習該運動的典型技術。

（2）根據每個技術動作的需要，對參與運動的身體部位（主要是關節和肌肉）進行強化鍛鍊。

（3）投入實際應用。

而內家拳的訓練思路是：

（1）全面改造身體結構，使身體具備某些新的運動能力。

（2）學習最能發揮此項能力作用的動作技術。

（3）投入實際應用。

所以學習內家拳的關鍵，並不在於掌握多少技術動作，最重要的是學會改造人體的方法。

內家拳的各種功法，就是身體改造方法。

第三節

內家拳訓練體系的科目

前兩節談的都是基礎理論，這一節，我們來談談關於內家拳功法的一些問題。有很多關於內家拳功法是如何構建的知識，還需要跟大家聊一聊。

內家拳的功法，因為其理論特殊的原因，有很多獨特的地方。也正是這點經常會引起練習者的迷惑，影響練習的效果。

大家在內家拳訓練時，恐怕都有過類似的切身體會——

一般人概念中的功法訓練，或者是負重訓練強化某處肌肉，或者是跑步訓練強化耐力等類似這種形式的。有具體的針對目標，而且這些目標看得到、摸得著，又易於理解。

但內家拳的功法卻往往不是這樣的。動輒談筋骨、談臟腑，這還罷了，連猜帶蒙，多少還能想出來大概的意思，但更有甚者是談經絡、談氣血、談神意。這就完全不知道是怎麼回事了。

這樣一個沒有清晰指向目標的功法，到底是如何起作用的呢？又或者，我就想提高一下出拳力量，這跟筋骨臟

腑氣血又有何關係？

　　有這種疑問的朋友，多是對內家功法構成原理不清楚，也不懂內家人體觀；又或是瞭解內家人體觀，但不清楚這種理論如何應用於實際的功法。本節就這些問題，為大家剖析一下內家拳功法的構建和機制。

　　首先，大家先要明白第一個概念，那就是：**內家武學的功法訓練是基於人體是一個不可分割的大系統理論構建的。**

　　也就是說，內家功法是將人按照系統理論看待的，按這個理論，人體不是基於肌肉進行分割的。

　　所以，內家功法沒有現代健身方法意義上的專項訓練，而是認為人體任何能力的實踐和提高，都離不開全身的協同作用。

　　認清這一點，就能正確理解內家功法的構建原理。

　　這點，在前文介紹人體五大系統的時候，大家就應該有所領悟：骨架和筋膜包裹著五臟，五臟是氣血的發源地，經絡是氣血的運輸管道，經筋又是經絡的物質載體……本來就是同出一源，你中有我，我中有你，哪裏能分得開呢？

　　所以，我們在純概念介紹的時候還可以按照不同系統分開闡述一下，然而一旦到了實際操作階段，對於每一個子系統的鍛鍊，功法中都會有其他系統的參與。

　　打個比方，人體就像一個國家，是由多個系統關聯、疊加、滲透組成的，比如工業、農業、金融、軍事等。某個地方出現了問題，往往涉及好幾個系統，只靠一個部

門，根本無法解決。這種情況下，國家必須抽調各部門的人員成立一個聯合機構，比如某某小組，或者某某委員會，制訂一個綜合性解決的方案。

內家武學的各種功法設計，就是與此類似。某一種功法，看起來是針對鍛鍊某個身體局部，但是具體操作中，卻需要調動其他系統來配合執行。

這就意味著，內家拳功法的理論邏輯是這樣的：任何一種能力的提高，比如速度也好，出拳力量也罷，都來源於某個或是多個系統能力的提高，而不是由專項肌肉訓練之類的方式獲得的。

而某個或多個系統能力的提高，也必然涉及其他系統的協調以及能力提高。

這也是大系統理論必然帶來的結果，全身系統都參與訓練的功法就是要練「整體」。這個「整體」的意思前文也提過，是指身體五大系統的均衡發展，是身體動能的全面強大，以及整體性地提高。

同時，內家拳對於「整體」要鍛鍊到什麼程度，也是有個藍圖的。

這相當於是個衡量的標準，從這個意義上來說，這個「均衡發展」的思路，其實就相當於是內家拳的專項訓練理論──內家功法所針對的就是你身體的不足，哪裏不足補哪裏，哪裏不合藍本要求練哪裏。補全不足，身體就全面強大了。

這不同於直接指定某個目標，這個動作需要哪部分肌肉強大，你就專門練哪部分肌肉就好，不是這樣的思路。

其次，大家需要明白：**內家拳的功法，是為人體改造這個目的而設計的。**

其實，內家拳「整體」全面提高的最終藍圖，就是人體改造的完成。

前文我們提到，所謂的「人體改造」，是改變舊有的身體結構和運動模式，是要「返先天」。那麼，內家功法是怎樣為這一目的達成服務的呢？

將這一點釐清楚，就能正確理解內家功法對身體起作用的機制，就能明白「人體改造」到底是怎樣一個「工程」。

讓我們透過對內家功法的分類剖析，為大家解答一下這個問題。

根據在人體改造工程中發揮的作用不同，內家功法可以分為以下幾個大類：

一是「放鬆肌肉，體認筋骨」的功法。

前一節講了，內家拳第一步是要練出「骨力」。肌肉收縮包緊骨骼的時候，肌腱、筋膜也是隨之收緊的，這時是體會不到筋骨的。必須放鬆肌肉，然後調整骨架結構，將周身的韌帶拉開，才能體會到筋骨。體會到筋骨的真實感覺之後，才能有效地對其加以鍛鍊。內家拳要求的肌肉放鬆，比普通人能夠達到的程度深得多，必須經過系統地訓練才能達到。

沒有老師的朋友，可以施用壓腿來初步體驗一下拉筋的感覺。如果肌肉繃緊了，根本拉不開韌帶。只有放鬆肌肉，再把腿架到足夠高度（這也算是局部的骨架調整），

然後讓韌帶拉伸，片刻之後，痠痛難耐的，便是筋膜了。

　　二是「打開各大關節」的功法。

　　內家拳對關節的活動量和活動方式要求很高，不同於一般的柔韌性訓練。所以要打開關節，必須進行專門的訓練。其中既包括一般的關節拉伸訓練，又有一些特殊的方法。普通人的關節具備屈伸、旋轉、收展等運動方式。內家拳還要求能夠完成開合、捻動、爭錯等特殊運動方式。

　　此外，一般人的柔韌性訓練主要針對四肢關節和軀幹表層肌群。而內家拳的關節功，要必須深入到肩、髖等大關節，乃至脊椎的每一節之間。

　　三是「重組關節結構並進行加固（強筋壯骨）」的功法。

　　內家武者初步鬆開韌帶，將關節打開後，就需要逐步將全身的骨關節原有的結構關係進行重組，建立新的力學支撐結構（間架）。同時運用強筋壯骨的功法，不斷加固新的結構。以便下一步在運動狀態中仍能保持新的骨結構的穩定。

　　四是「固本培元，涵養氣血」的功法。

　　內家拳中各種調整、強化筋骨的功法，都會給筋骨增加新的負荷。要保證筋骨得到鍛鍊的同時不致磨損，就必須保證其營養的充分吸收和疲勞的及時恢復。要濡養筋骨，就需要充沛的氣血。

　　所以涵養壯大自身氣血，要放在與筋骨鍛鍊同樣重要的位置，甚至在具體修練中要略微前置。尤其是中老年等氣血虧損或是身有疾病的人士，要練習內家拳必須先練固

本培元的養生功法。

五是「疏通經筋，運轉氣血」的功法。

濡養筋骨的氣血要先從內臟中提取出來，再循經絡而行，送達身體各處。正常人的氣血循環，只夠日常消耗，要想達到強筋壯骨的效果，就必須擴大氣血的供應量，讓更多的營養灌注、沉澱到筋骨中去。就好像要保證莊稼的長勢，就得加大灌溉的力度一樣。這方面，內家拳是有專門的「周天功」，來調動周身氣血的運行，這個效果就像給田地周圍的灌溉渠道加裝水車一樣。

六是以特殊的呼吸法門，「調動內膜，鍛鍊五臟」的功法。

氣血充足的根本，還是在於五臟的強壯、強健。五臟在身體深處，很難直接鍛鍊到。內家拳利用呼吸法，調動膈肌和肋間肌等五臟周圍的肌肉筋膜，對五臟進行一鬆一緊、一張一縮的按摩，一方面加快五臟系統吐故納新的速度，一方面使器官五臟生長得更加緻密堅實，從而達到強化五臟的效果。這類功法還有一個特效，就是能強化內膜，鑄造「內渾圓」結構。

七是體認「勁力運轉」的功法。

此類功法是連接「練」與「用」的橋樑。此類功法通常被稱為「中節功」「丹田功」等，往往作為一門拳法的最核心的祕密。

此類功法可以將身體改造完成後的成果，透過功法整合，轉化為服務於內家拳實戰的各種「勁力」。

從練功的角度講，它們能對體內筋骨、氣血、內膜、

臟器的整體協調運行進行綜合性的調試，如同對新車進行磨合，對強身健體有更強力的效果。

從實用的角度來說，這是引導骨盆、脊椎、丹田等新建力源，沿著體內筋骨鏈形成的傳導路線（勁路），向外釋放力量，從而形成傳說中的「內勁」。修練者完成了此項功法的鍛鍊，才有資格練習內家功夫的「打法」。但打法不是本書要闡述的重點，就不詳細介紹了。

上述功法的分類，可以幫助還不能很好理解人體改造理論的朋友建立一個比較清晰的認識，所以是按照訓練功用分類，羅列得也比較細緻。然而在實際練習時，很多目的可以用一種功法動作實現。所以修練者在練習時並不需要練很多功法。

最後，**大家需要理解清楚內家拳實際使用的功法，也就是大家日常看到的功法。**

日常功法因為綜合性強，功用涵蓋範圍廣，往往使初學者無所適從。為了便於大家對功法的把握，我們在此結合前文所介紹的理論，給大家提綱挈領式地解說一下。

日常功法根據訓練形式的不同，基本可以劃分為三大類：

第一類是內家樁功。

樁功適用範圍很廣泛，「內家拳的功法」裏所分的七大類功法的目標都可以用樁功來修練達成。樁功又可說是內家拳效費比最好的功法，它入手簡單，沒有過多限制；對場地、器械幾乎沒有什麼要求；又適合從老至少各種人群練習，出功夫又比較容易，所謂「傻練有傻功夫，笨練

有笨功夫」。所以內家各派的拳諺中常有「入門先站三年椿」「百練不如一站」等說法。

當然，這也不是說任何人隨隨便便一站就能練椿功了。椿功雖然見效快容易學，很多人很容易就能出一些養生效果。但是，要想練出真正的、紮紮實實的內家功夫，必然需要有明師根據練習者的進度調整要領、增加內在的訓練內容，並不是說一個外形姿勢堅持站三年，就能完成全部這七大類功法的目標的。

有關椿功的一些詳細內涵，後面章節還會有所介紹。

第二類是「拳架子」，也稱「盤拳走架」。

這也是內家拳法的標誌性練功方法。如形意的五行拳，八卦的老八掌，太極的十三式、老架、新架等。有的以單操手的形式出現，有的以套路形式出現，不一而足。

天津陳家泰先生在《金陵太極功解》中對此種功法有一段精闢的論述：

「論拳者每謂打一趟，惟太極不曰打拳，而名之曰盤架子。此其所以有別乎外家拳也。蓋所謂盤者，即旋轉取式，去而遂還，綿延蟬聯，無斷無續之意。架子，即指人身全體之骨幹而言。盤架子，即是外式之姿勢盤旋掀挫，運動周身之關節，舒展外附之筋肉，調和內行之氣血，惟其能舒展筋肉，始能舉動輕靈，開合自由。惟其能調和氣血，然後可氣貫周身而運行如珠……」

從中可以看出，內家拳的「拳架」訓練，並不同於外家拳法的套路訓練，其本質是選取某些特定的動作，進行連續不斷的動態訓練，在運動中對骨架結構、筋肉氣血進

行綜合鍛鍊。盤架和樁功，在內在機制上，是完全一致的。只不過是從動靜兩個方面，去探求體認人體的內在運動模式而已。

第三類是各種輔助功。

這些功法介乎樁功、拳架子這兩大類「系統功法」之間，對這兩大類功法鍛鍊得不夠深入，刺激得不夠到位的部位或環節進行針對性強化訓練，可以有效地提高鍛鍊效率。

此類功法典型的有活澀關節功、伸筋拔骨功、行氣導引功、呼吸吐納功，等等。這些功法相當於內家功法課程中的選修課，修練者可以根據自己的鍛鍊目的，選擇性地進行訓練，或彌補自身素質的先天不足，或加速突破某一階段的修練瓶頸。

至此，對內家拳功法體系的分析告一段落。可能剛接觸內家拳的讀者們會感覺有些枯燥，但是傳統內家拳浩若煙海的功法動作，就是沿著這幾條脈絡衍生出來的。

後面，我們將逐步介紹具體的功法，作為參考案例。對內家拳感興趣的朋友，可以結合著訓練實踐，去逐步體會和理解內家武學的「人體觀」理論。相信當你對內家拳深入到一定程度，掌握的功法豐富到一定程度之後，自然會回過頭來再看一看這篇綱領性的文字。

第三章

內修主旨

　　前一章對內家拳的理論介紹，是側重於認識和理解方面的，對於內家拳修練具體要做什麼、怎麼做，沒有涉及。本章則是要跟大家談談內家拳實修時「該做什麼」和「怎麼做」的問題。

　　本章所要談的，就是內家拳實修時不可違反的基本原則。

　　基本原則共有三項，即：「鬆靜」「養練」和「整勁」。這三者，可以說是內家功法的立身之基，是各種內修功法的串珠之線，也是內家功法有別於一般「外家」訓練方法的標誌，堪稱內家武學的「三法印」。

（第一節）

鬆靜為根

　　內家拳，雖然也是一種體育運動，但是功法訓練的很多要求卻往往讓人覺得難以理解，例如：要求放鬆、安靜、緩慢、圓柔，等等。這些要求，貌似與通常的體育鍛鍊追求的「更高、更快、更強」等目標背道而馳。

　　有的人認為這是過去的老師父們保守，在公開場合教些活動身體的功法忽悠人，真格的功法還是要用力、求緊、求快。有的人雖然認可鬆靜圓柔的訓練理念，但是對這些要領的真實含義並非真正理解，並不明白為何如此要求，這些要領又是指向何處，知其然而不知其所以然。結果就是練習多年，功夫也上不了身，於是只好歸結於自己悟性不夠，或者時間、精力投入不足。

　　其實並非如此。

　　經由前兩章的理論分析，我們可以明白，內家武學整套體系是可以分為三個階段的。第一階段是對人體進行「全面改造」，第二階段是強化鍛鍊改造後的人體，第三階段是運用經過改造及強化後的人體。

　　而鬆、靜、圓、柔這些要領，是啟動第一階段「人體改造」工程的鑰匙，是內家功登堂入室的不二法門，也是

根本性的原則。不按照這些要領行功，人體就得不到真正的改造。後續的強化功法，就徹底偏離了目標，最好結果也不過是鍛鍊鍛鍊肌肉，再之後的實用技術，也只能是基於肌肉力。那內家拳體系在拳擊、散打等現代搏擊技術體系面前，就毫無任何價值和意義可言。

內家拳初學者，必須老老實實從鬆靜入手。最忌諱想當然地摻雜一些局部肌肉用力的方法，還美其名曰「內外兼修」。這種行為，就像用漢字的諧音來標註英語單詞發音一樣幼稚，看似捷徑，實際上只會影響你的學習效率。

所以，鬆靜，是內家拳修練體系的第一法則，是貫穿始終的核心要義。

何謂「鬆靜」？

簡而言之，身體的放鬆即是「鬆」，精神上的放鬆即是「靜」。身心放鬆，是內家入門之鑰，是內家純功的根基所在。無論修練何種內家功法，採取何種外形動作，都要在鬆靜的前提與基礎上去完成。

很多人不理解這一點，特別是對技擊能力有追求的朋友，最質疑、最反對的就是這一點。在他們看來，身體放鬆就意味著不用力，不用力怎麼能打倒對手呢？精神放鬆，就更要不得了，那不就意味著大腦宕機了嗎？腦子不思考怎麼能應對對方的攻擊呢？

所以，有的人說：「說練放鬆的都是騙人的，打拳就得用力！緊，才是內家的不傳之秘！」

還有人諷刺：「放鬆，四仰八叉躺在床上最放鬆了，那我天天睡懶覺是不是就能睡出一身功夫來呢？」

類似言論，其實就是混淆了兩對概念，即「鬆緊」「懈僵」。

有內家前輩說：「拳術無非就是鬆緊二字。」

很多內家拳練習者，甚至很多普通人，都想當然地認為自己明白、理解「鬆緊」二字的意思──名詞解釋，誰上學時還沒做過呢？殊不知，他們這樣自以為理解的，或者說能做到的，其實只有「懈、僵」而已。絕非內家拳的「鬆緊」。

內家拳所談的「鬆緊」，都是建立在自身已具備筋骨力的明確感覺的前提下。而對筋骨沒有真實體認，沒有把肌肉力和骨力、筋勁區別開的人，壓根兒就不可能體會到內家拳所求的、真正的「鬆緊」。筆者在這裏也只能透過比喻、舉例等方式，儘量幫助讀者建立一個「鬆緊」的初步概念，以便大家把「鬆緊」和「懈僵」區別開。而要真正瞭解「鬆緊」，必須在實修過程中去體認，讓空泛的概念與自身切實體會相印證、相結合才行。

關於「鬆」，嚴格說起來，在內家拳理論體系中含義非常豐富。因為「鬆」是一個大概念，是一個提綱挈領式的概念。可以說我們一提到內家武者的身體要求、身體狀態，就必須提到鬆，甚至可以說內家武者的身體狀態，就是「鬆」態。

想完全描述「鬆」實在是太難了，這裏我們先挑選一種比較初級的、便於理解把握的「鬆」的概唸給大家講解一下。大家可以觀察一下貓，貓的身子是極其鬆柔的。

我們用手撫摸貓的軀幹，手上感覺到的貓的身體狀

貓身上的狀態，就是對「鬆」的最好的註釋

態，就是「鬆」。

　　如果一定要語言描述，那是這樣的：首先能感覺到它的表皮和裏面的骨肉是滑脫的，有很大的相對運動空間。其次能發現，貓的脊椎和四肢根節的關節活動量特別大──如果按比例放在常人身上，那就是脫臼的程度了。此外，貓的「鬆」，還是一種蓄勢待發的狀態，隨時可以整體爆發。這點，大家可以瀏覽一些網上貓科動物受驚時的影片。這些傢伙在緩慢行走時，甚至是趴在那裏呼呼大睡的時候，只要一受驚嚇，就能瞬間啟動、瞬時加速，身子一彈一展，就躍出去很遠，其運動的速度和幅度超乎人類的神經反應。

　　這樣的狀態才是內家拳所要求的「鬆」。

　　與「鬆」對應的，貓科動物在爆發瞬間的身體狀態，

就是內家拳要的「緊」。此時，所謂的「緊」，其實描述的是經筋驚彈時的伸展和體腔內膜膨脹時的張力狀態，絕非一般人理解的收縮狀態。那一瞬間，經筋像剛將箭射出去的弓弦，內膜像馬上要漲爆的皮球內膽，身體型成了一個「剛體」狀態，可以更高效地將體內的爆發力傳導出去。這種「緊」不是用意識強行命令肌肉力做作、模仿出來的，而是身體在極其放鬆的狀態下自然爆發出來的。它就在你的身體上出現那麼一瞬間，隨著勁力釋放的結束，身體會自然恢復到「鬆」。

　　這種「緊」是建立在「鬆」的基礎上的，絕非建立在「鬆」的對立面上。

　　與「鬆」和「緊」對應的，則是兩種錯誤的用力狀態，即「僵」和「懈」。

貓爆發躍起的瞬間，就是內家要求的「緊」的一種最佳體現

僵，是肌肉持續緊張造成的一種用力收縮狀態。其表現有：肌纖維長時間收縮，導致肌群結成硬塊，進而使韌帶抽緊，關節鎖死，呼吸停滯（即拳論中所大忌的「努力、努氣」），整個人如同一根電線杆，完全失去了運動的靈活性。沒有經過訓練的普通人，在遇到危急情況時，大多就是這種情況。大家可以看看網上的影片，那些沒有搏擊經驗的人，第一次與人對抗的時候，基本上都是這種狀態。他們即使能做出一些打擊或者防守的動作，也是在與自己較勁，力量憋在身上發不出來。這是習武之人在練習中需要盡力去克服的。

懈，指的是肌肉放鬆到了筋骨結構崩散的地步。最直觀的形象就是所謂的「葛優癱」。這種狀態下，人體的肌肉不用力，肌腱完全鬆弛，骨架的支撐結構自然也解除了。此種狀態，既不能突然爆發，也不能建立有效防禦，因此也為武者所不取。

沒有經過正規訓練的普通人的身體狀態，多數是在「僵」和「懈」之間轉換。日常無事的時候，基本是懈。尤其是做室內工作的人，大家可以觀察一下，多半是怎麼舒坦怎麼待著，很少有能長時間保持身體挺拔、脊椎正直的。遇到緊急情況的時候呢，最常見的反應就是「僵」。比如同事之間開玩笑，突然嚇某人一下。這時候，你可以觀察一下那位被驚嚇人的反應，是不是突然倒吸一口氣，胸脯一挺，脖子一縮，身體一僵，並不能做出有效的自我保護反應來？

理解了什麼是內家拳所要求的「鬆」，才能談談如何

人受到驚嚇的狀態

做到「鬆」。這時又會遇到下面這一對經常被混淆的概念。

其實在內家拳的訓練中，「鬆」有兩重含義，一種是當動詞用，一種是當名詞用，前者是練功的方法，後者是練功的結果。很多關於內家拳，特別是太極拳的指導性文字，都強調「鬆」，但是往往沒有說明，具體每句話中的「鬆」，指的到底是練功方法的放鬆，還是練功成果的「鬆」。這就給練習者、特別是初學者造成了很大的困擾。很多初學者，剛接觸了一點放鬆肌肉的入門方法，就以為自己已經具備了「鬆」的修為，然而與他人切磋時，卻發現自己根本扛不住對方的肌肉力量，或是自己依然要靠肌肉用力才能與之對抗，所以就得出了結論——「經過實踐證明，鬆是騙人的」。

所以，我們這裏要把這兩個「鬆」的內涵給大家剖析一下、區分一下。

作為一種練功方法的「鬆」。「放鬆」主要是指肌肉放鬆。這是個引子，它後面還有很多其他的要求。

以筆者學習的李旭洲傳宋氏形意來說，是「肉要鬆，骨要撐，筋要繃」。這九個字說的是一樁事，在實際操作中不可拆分。

「肉要鬆」，普通人肌肉一鬆，某些關節就會鬆軟無力，關節鬆軟無力，身體的支撐結構即行解體。在這種情況下，普通人就會坐下或躺倒——未經訓練之人能做到的最大限度的放鬆，也就是這個層次，即我們前文所說的「懈」。

宋氏形意「搏氣式」展示的「肉鬆、骨撐、筋繃」狀態下的間架

而內家拳練習者，是在身體保持特定姿勢不變的前提下，再放鬆肌肉，這樣關節鬆開之後，身體整個骨架的向下「癱軟」之勢，會被約束引導著形成一個新的筋骨支撐結構，也就是形成內家拳學中所說的「間架」。

這個「間架結構」的特點是「節節相拄」，也就是每一節骨頭互相支撐扶持，就好像古代木質建築的樑柱一樣，是由榫卯（人體關節的特定方位角度）進行的結構性聯結，不用其他額外的手段加固，自能

　　也有前輩認為用「柔」字，會讓世人誤解內家拳綿軟可欺，建議改為「鬆韌」，意如弓弦皮鎧，此說也可參考。

　　鬆沉、鬆活、鬆柔（韌），表現在拳術中，就是打擊力、靈活性、柔韌性、抗擊打能力等基本身體素質的提高。這才是內家拳作為一門拳術、一項運動、一個訓練體系呈現出來的結果。自身獲得了這些效果，才能說真正掌握了內家拳的「鬆」。

　　當然，要獲得真正的「鬆」，必須堅持長期修練，徹底完成人體的改造。

　　理解了「鬆」的基本含義，然後再來談談「靜」。

　　靜，是體認到「鬆」的一個關鍵。內家拳的「靜」不完全等同於禪修、丹道那種一念不生的「靜」。至少在入門階段，沒有要求那麼高。剛開始，可以把「靜」理解為精神專注，心無雜念。

　　首先，心不靜，身體根本鬆不下來。

　　大家可以體認一下，當你諸事纏身、心情煩躁的時候，身體肯定有一部分是處於緊張狀態的，一般是眉頭、心口。所謂「愁眉不展」「胸中塊壘」，就是這種狀態的直觀描述。

　　當事情特別棘手的時候，你甚至會覺得心口憋悶，呼吸不暢。反過來說，當你解決了問題，這些部位自然會放鬆下來，所以又有「揚眉吐氣」一詞，來形容長期鬱悶之後心情舒暢痛快的感覺。

　　因此老前輩說，初學者不要把練功當練功，要當作休息、當作遊戲，目的就是保持心態的放鬆。

其次，心不靜，就無法體認肌肉的鬆緊狀態。

初學者往往把「不用力」當作「鬆」。經由前文分析，我們知道，沒有經過訓練的普通人，用力習慣就是「僵」。哪怕只是做一個很小的動作，甚至是一個意識上的預動，肌纖維就已經開始收縮緊張了，只是練習者不自知而已。所以初學者必須肅清雜念，讓心境保持在一種寧靜平和的狀態，然後才能把注意力轉移到身體內部，關注自己的肌肉狀態。只要發現仍在緊張的肌群，就引導其放鬆。能體認到筋肉的「僵」，才能將其調節到「鬆」。

這是一個與自身用力習慣做鬥爭的漫長過程，需要長時間反覆訓練，才能做到鬆緊由自己掌控。

最後，心不靜，就無法完成筋骨、氣血的一系列精微調整。

內家拳手的身體由筋骨間架結構建立，如果關節榫卯對不準，新的骨架結構就「撐」不起來；骨架結構不擺正，經筋也無法通達，自然也談不上建立整體彈性架構。人體有 206 塊骨頭，即使是只調整重要的大關節，也得照顧全身上下十幾個點位，然後再加上「四樑八柱」十二條主筋，都要「入槽歸位」，才能搭建起氣血循環的「管道」……這一切，都需要練習者的注意力高度集中。

老前輩將這個過程比作鐘錶匠校準機械表裏的齒輪。兩個部位之間的銜接，如同「針尖對麥芒」一般，一絲一毫都不能偏差。

至於如何做到「靜」，因為配合相應的功法更好理解，我們會在後面的章節裏具體介紹。

養練為本

　　以「鬆靜」為指導理念建立起來的內家功法體系，形成了一種獨特的練功方式和效果，就是「養練」。這個概念，是內家功法特有的，也是區別於外家功法的一個重要標誌。

　　一般人理解的體育訓練，練是練，養是養。練就是運動，流大汗，受大累，不斷衝擊身體極限。養就是休息、按摩、睡眠、加強營養等恢復性措施。練完了再養，養好了再練，不可能同時進行。

　　雖然有的運動生理學專家提出一種觀點，身體運動功能的提高，不在於運動時的強度，而是在於運動之後的身體為修復運動造成的損傷而產生的超量恢復。但是在實際操作中，練和養的比例是不平衡的。

　　對運動員來說，「練」比較好辦，按照教練制訂的計劃，折騰自己就行了，畢竟主動權掌握在自己手裏。「養」，就要依靠訓練團隊中的醫師、營養師來安排了。至於「養」對身體的恢復程度，那就是聽天由命。反正現代體育有淘汰制度，扛不住訓練強度的人，淘汰掉就是了。但是對非專業人士來說，那就有點尷尬了。運動我做

了，但是隨之而來的運動損傷怎麼辦？甚至不乏很多健身指導教練自己也一身傷病。

內家功法則大不同，內家功法找到了養與練相契合的點，是直接從「養」的角度入手進行訓練，因而較好地解決了這一問題。

這個契合點在哪裏呢？前面的章節中，我們介紹過，內家功法體系將人體劃分為五個子系統，筋骨、臟腑、氣血、經絡、神意。其中，「氣血」是人體的能量系統，其功能在於滋養全身，也是人體動力來源。

養練就是抓住了「氣血」這個關鍵點，內家拳又有相應的功法，可以調動氣血，從而對整個人體進行滋養、修復，進而實現強化，所以能夠把這個「養練」理念用於實踐。

其具體實踐思路如下：

首先，要停止日常活動對人體的磨損和消耗，讓身體得以充分休息和恢復，讓氣血水平恢復到一個充盈狀態。這也就是我們在前一節反覆強調的，內家功法必須從鬆靜入手的原因。

其次，是利用各種功法和動作，引導「氣血」對筋骨、臟腑、經絡三個子系統進行滋養和修復，然後這四個子系統的正常工作再創造出更多的氣血投入循環，形成一個良性互動。

最後，是進一步加大氣血對筋骨、臟腑和經絡系統的灌溉滋養，使它們生長得更加堅實強悍。在內家拳的訓練裏，即使是強化訓練，仍然要確保「氣血的補充大於損

耗」，過去對此有種說法叫「不能練『訛』了」。所謂「訛」，就是運動過量，留下身體損傷或心理反感的意思。

這套理論和方法，對於沒有內家功實際體驗的人來說，可能難以建立直觀的認識，我們不妨來打個比方。

這個思路就好比：如果一個人很瘦弱，想要讓他強壯，正確的做法應該給他提供充足的營養，然後再加強他對營養的吸收，等他身體基本健康的時候，再做適當的強化鍛鍊，以適當的刺激，促使營養再去強壯相應的肢體。

這一切都是圍繞著「營養和營養的分配」而設計的。而不是不顧身體情況，就讓他做俯地挺身、跑步，消耗他那本來就不充足的體力。

因為充分的營養才是人體健康的根本，而所謂的運動，說到底，本質就是一種消耗。

懂行的運動教練經常會隨身帶幾塊糖，為什麼？不就是怕很多學員飯沒吃飽就來訓練，低血糖暈倒嗎？

所以，**內家拳的功法體系是這樣安排的：**

第一步，叫作「固本培元」。先調理身體。

可能有的朋友會想，我身體本來很健康啊，哪裏需要休養，我體檢時各項指標都很優秀。

這是你個人的看法，中醫卻有種說法，叫作「醫生眼裏沒有健康的人」。為什麼？因為日常生活的任何活動，都會對身體造成消耗和磨損，只要你還活著，這種磨損就是伴隨你終生的。

如果這點不能理解，我們可以想像一輛汽車，這個汽

車別說經常開動，就算一直放著不開，也會變舊吧？風吹雨打，日曬雨淋，都會磨損汽車。

人體也是一樣的道理，生命能量的消耗、人體的老化，時刻都在消磨著我們的身體。

所以，任何人在練內家拳時，都需要先補上虧欠的元氣，修復受損的身心。

具體到我們的方法手段，就是採取「鬆靜」之法，讓肌肉筋骨儘量保持放鬆、靜止的狀態，或者只進行一些比較緩慢的運動，同時保持情緒平穩，減少思慮，從而使五臟產生的氣血能夠積蓄起來，而不是消耗出去。

當氣血比較充沛的時候，自然就會沿著經絡流轉身體各處，補足筋骨、臟腑的「虧空」。這樣，人自然就會越來越健康。

這個過程，就是「固本培元」。

第二步，叫作「**重點強化**」。

身體健康後就可以開始進行強化身體的訓練。強化訓練也是圍繞著加強身體對營養的吸收來設計的，其重點在於如何最有效地利用氣血（營養）來強化身體。

內家功法的訓練思路，準確地抓住了人體改造與強化的根本。將剛開始積累的氣血優先供給筋骨系統。

筋骨是經絡的載體，內臟的容器。筋骨強壯了，經筋內的經絡自然得到疏通拓寬，筋骨的運動，又能直接按摩五臟的實體器官（主要是利用胸腔的漲縮和膈膜的升降），同時促進五臟與經絡體系之間的氣血循環。五臟功能改善之後，就能攝入更多的營養，製造更多的氣血，氣

血再去滋養筋骨⋯⋯這樣的良性循環保持一段時間，練習者的體質就會發生根本性的好轉，也為修練更高強度的功法奠定了基礎。

第三步，叫作「拳功不二」。

優秀的養生方法，稱為「功」；優秀的搏鬥方法，稱為「拳」。

在內家拳高級階段看來，二者是一體兩面。

什麼樣的養生方法可稱優秀？那必然是能夠將身體調養到健壯，乃至強壯程度的方法。

而什麼樣的搏鬥方法可以稱為優秀呢？那必然是充分發揮身體功能的方法，這必然是要以強壯的身體為基礎的。

就拿筋骨鍛鍊舉例，其實所有的運動，只要訓練量到了，都能提高筋骨的質量。

但是內家拳作為格鬥技術，對筋骨的質量要求更高，它要求練習者的血肉之軀，既要禁得起各種搏擊過程中的瞬間啟動、突然停止，以及高速轉折時產生的內部劇烈震盪、牽扯，更要扛得住雙方激烈對抗時的骨肉碰撞。所以在功法體系中，就必須要有優秀的強化筋骨的方法。這種方法鍛鍊出來的筋骨強度，要遠優於一般的方法。

這類功法，最初取自傳統養生術中的五禽戲、八段錦、易筋經等優秀的功法，經過武術家的吸收改造後，根據實踐經驗，發展形成了內家拳獨特的動、靜樁法體系，可以更高效地打造符合搏擊需要的人體筋骨結構和運動模式。

　　然後，內家拳中難度較低的部分樁法和伸筋拔骨的柔練法，又被養生術體系吸納，成為一種造福大眾的強身健體之術。在這個過程中，經過更大基數人群實踐檢驗、提煉後的，更加系統、成熟的養生樁法、動功，又反哺了發展中的內家拳，為清末民初時期的形意拳、八卦掌、太極拳的定型，以及意拳、象形術等新拳種的開創，夯實了基礎。所以這些成型較晚的內家拳種，往往都有「拳功合一」之說。

　　正是有氣血滋養身心的養練功法體系的支撐，內家拳才能夠幫助很多身體孱弱者恢復健康，甚至突破自身先天所限，修成高深武學。所以南派字門拳技擊手法總訣中提到「此手精奇，不用猛力，文人弱士，皆可學習」。

整勁為魂

內家拳的基本原則第三項，就是「整勁」。

內家拳要練整勁，這點恐怕最為內家拳練習者所熟知，也最為人所稱道。

然而到底多少人能真正明白什麼是整勁？整勁如何判斷？是何原理？這恐怕就不好說了。

古代的內家武學理論名篇《九要論》中，開宗明義地提出：「夫所謂一者，從首項至足底，內而有臟腑筋骨，外而有肌肉皮膚、五官、四肢百骸，相聯為一貫之者。破之而不開，撞之而不散。上欲動而下自隨之，下欲動而上自領之，上下動中部應之，中部動而上下和之。內外相連，前後相續，所謂一以貫之者，其斯之謂歟？」

這段文字，其實已經闡明了「整勁」的兩個關鍵要素。

一是從人體結構上，要形成一個穩固的整體。從上到下，從內到外，從根到梢，相聯為一，要達到「破之不開，撞之不散」的程度。這種狀態，內家拳中稱之為「樁態」。

二是在樁態基礎上，建立一種內動（筋、骨、膜在體

內的運動）和外動（肢體在空間中的揮舞運動）相結合，上、中、下三盤整體而動的運動模式，此種運動模式內家術語稱之為「整動」。

而樁態下的「整動」，就達成了任何動作都可以發揮出「整勁」的結果。

因此，我們可以說，能夠發揮出「整勁」，本質是內家拳修練者經由鍛鍊所達到的一種自然狀態；而整勁本身，也是一種自然勁力，就像人的力氣一樣，練到一定程度，自然在身體上就生成了。

整勁不是需要依賴任何一種特定、具體的發力動作才能「製造」出來的，也不是各種複雜勁力分類裏的一種（如彈簧勁、驚炸勁等）。

說到這裏，還必須再辨析一下「整勁」的內涵和一般人思想中的「整體發力」的區別。

不管是中國傳統武術的外家拳，還是現代搏擊（為了表述方便，下面統稱為外家），都強調「整體發力」。最直觀的例子，就是搏擊類的後手擺拳（傳統武術中類比是「弓步圈捶」）。

這個動作，通常被認為是由蹬地、擰腰、轉體、送肩、

「搏氣式」，人體結構形成一個整體「樁態」的直觀展示

掄臂、扣腕，將腿部、軀幹、手臂等部位的大肌群產生的
爆發力擰成一股繩，傳導到拳鋒處，形成集周身之力於一
點的打擊效果。而這一系列動作，就構成了外家的「整體
發力」。

很多人認為，外家的整體發力，也能統合身體上大部
分肌肉的做功，從所達成的打擊性發力效果來看，不僅絲
毫不弱於內家的打擊發力，甚至還有所超出。所以說，內
外家整體發力是一回事。或者客氣點說，外家練到高深境
界自然就是內家。

但是，從具體技術和理論上分析，這其實是兩個截然
不同的概念。

外家的整體發力技術，是以拳、腳、膝、肘為攻擊尖
端。以這些打擊端為引領，最大限度和效率調配身上的大
小肌群，為這些武器配上充沛的動力，使其發揮出最大的

「椿態」下以全身整體來受力的演　「椿態」下以全身整體來受力的
示之一：前受力　演示之二：下受力

「椿態」下以全身整體來受力的
演示之三：上受力

「椿態」下以全身整體來受力的
演示之四：左右受力

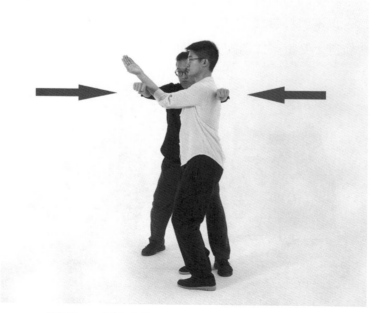

「椿態」下以全身整體來受力的演示之五：擠壓受力

打擊力。

這是其發力技術的思路。

而內家拳呢，我們前面提到了，內家的「整勁」，基礎是「整動」。這是內家拳整體發力的標準。做不到整動，就達不到內家拳所要求的效果，就不是內家整勁。

內家拳「整動」要求的效果，就是「拔根」，就是任意動作都可以撼動對方的重心，讓對方時刻感覺到站不穩，立不住。力源不對，絕對出不來這個效果。

這跟單純追求打擊力、殺傷力是兩個概念。也就是說，整勁，不完全等同於整體打擊力。

而在發力機制上，兩者也有極大區別。

與外家整體發力追求身體肌肉群的最大利用效率不同，內家整勁的思路是由合理的、特定的運動模式來協調全身，從而最優化地發揮身體各部位的生理機能。用大家都聽說過的話來說，就是內家整動是丹田帶動模式。

內家拳的內動核心，就是丹田。為便於大家理解，從一般的人體解剖角度上來講，所謂「丹田」可以視為膈膜以下、會陰以上，此範圍內的脊椎和骨盆，及其附屬的肌肉、筋膜包圍起來的這個區域。這是人體動力結構中的核心部分，是「整勁」的催生處。而培育、鍛鍊這個核心的功法，就是鼎鼎有名的「**丹田功**」。

因為人體解剖上區域有所重合，所以有的人把現代體育提出的核心肌群概念和訓練技術，等同於內家拳的丹田和丹田功。其實這是一種誤解。

核心肌群訓練，關注重點還是在軀幹大塊肌肉的訓練

丹田帶動身體整體位移，衝擊對方重心

上。而丹田功關注的則是對這一區域的筋骨結構和運動模式的重塑，因而，內家拳中「丹田」的含義遠要比「核心肌群」複雜得多，涉及的方方面面也更多。因為要講解清楚丹田的問題，需要太多的篇幅文字，在這裏就不展開了，以後有機會再跟大家詳談。

簡單而言，丹田和核心肌群兩者的區別，最典型的就是只有丹田功能夠發展成為「整動」技術。「整動」技術，就是利用丹田運動引動身體，催動身體在空間中整體位移，去衝擊對方重心。用老前輩的話概括，就是「整個身體是個大拳頭」。

在此基礎上，再以軀幹上的某個部位作為接觸點對敵人釋放動能，如此形成內家特色的「肩打、胸打、腹打、

肋打、背打、臀打」等軀幹發力動作。家師曾對此「整動」模式進行了一種形象的比喻：身體就是坦克車，而肢體（肩、肘，手等）就是不同的坦克配件。根據實際情況和需求的不同，安個耙犁就是排雷車，安個鏟子就是鏟車⋯⋯但根本在於車體，不在於配件。

所以拳經上將內家拳腳技法描述為「以不動之腰脊，催動動之手足」，還有的老前輩將其形象地比作「錘子（軀幹）砸釘子（梢節）」。由此可知，內家拳法雖然也有拳法、腿法、膝法、肘法等梢節攻擊，但是其內在運勁機制與外家拳法完全不同。

透過以上對比，我們大概可以理解內家的「整動」是一個什麼概念。瞭解了「整動」，才能明白其前提為什麼必須是「樁態」。

由於內家拳採用了由丹田引動身體，全身整體協調動作的技術，將全身視為一輛坦克車，這就決定了其需要一個非常穩固又靈活的體內力量傳導結構。否則整動產生的巨大力量，很可能由於傳導鏈上某個環節的脆弱或脫節而中途損耗。

所以，內家拳才非常強調筋骨，非常強調「樁功」，甚至要求練習者，即使是在打擊過程中，乃至在與對方碰撞過程中，也不能讓樁架散亂。要達到這個水準，光會擺一個樁架是遠遠不夠的，得把樁練到長在自己身上才行，或者說得讓自己的身體長成一個樁。自己不是真的長整了，就不會真正的「整動」。

是持樁，還是抱架，也是內家與外家的一個重要區

別。

外家以拳擊為例，拳擊手上盤間架結構最堅固的狀態，就是其抱頭防禦時的姿態。即使是對方的重拳擊中其手臂，也很難破壞這個結構。

但是拳擊手一旦出拳，這個結構就會解體，所以拳擊訓練很重要的一條就是快打快收，不能讓手臂長時間處於伸展狀態。這就反映了普通人以肌肉為核心進行運動的特點，即發力狀態和間架結構狀態不能並存。因為發力時，要求肌肉驟緊驟鬆，而抱架，就必須讓肌肉保持一定程度的持續緊張。

而內家拳的樁法，則是另闢蹊徑。在「鬆靜為根」一節中我們介紹過，站樁有成者，可以使周身筋骨達到「筋經合槽，骨樺歸位」的程度。筋骨形成一個穩固的支撐結構後，可以解放出一大批用來維持間架的肌肉。這些「騰出空閒」來的肌肉又可以參與到發力過程中去，增加打擊力。

正是因為有這樣一個運作機制，所以內家的樁態發力，既能保持足夠的打擊力度，又能保持樁架結構在防禦方面的優勢，而且由於有樁架結構的框定，內家拳手的發力不需要太大幅度的肢體擺動，動作更加隱蔽。

所以，內家的技擊樁，可以將手遠遠地伸出去，而不會因此失去蓄勢發勁的空間。

還需要再強調一遍，「整勁」的表現形式不一定全是暴烈的打擊系技術，有時也會表現為一些細膩小巧的控制系動作，如提、按、偏、掛、圈、纏、牽、抹等。

　　這些技術動作，雖然看起來不如整體衝撞或打擊那麼凶猛，但也是勁發於丹田，沿著體內的勁路，傳導到指、掌、腕等梢節關節處，再作用於對方。所以說，整勁在內家拳的應用體系中是核心、是主線，一以貫之，而不是一種方面性技術。

　　內家拳所追求的「整勁」運動模式，在現代人群中不易找到直觀的表現形式，但是在動物世界，則非常常見。建議有興趣的朋友去看看銀背大猩猩的打鬥或者老虎獵食時的影片。

　　它們和我們一樣，身體的主體結構，都是由一條脊椎和四肢組成。猿猴和虎豹體現出的，是以靈活粗壯的脊椎為動力源，以周身強韌靈活的筋腱網絡為傳導，以鋒利的四爪為攻擊武器（前肢為主），以強悍的軀幹整體撲撞衝擊為主要攻擊手段的運動模式。這就是我們人類修練內家拳所要追求的基本範式。內家拳的先賢們將這種運動模式

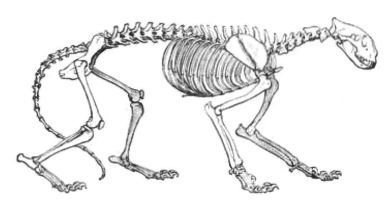

老虎的骨骼圖

稱之為「先天」。

　　從這個名詞中，大家應該不難體會出前人對猛獸那種天然生成的戰鬥能力的嚮往。內家拳的各種修練功法，也就是引導人體逐步恢復這種原始搏鬥本能的具體訓練程序。

　　在以後的章節，我們會結合具體範例，給讀者們剖析一下，內家功是如何重塑人的「先天運動模式」的。

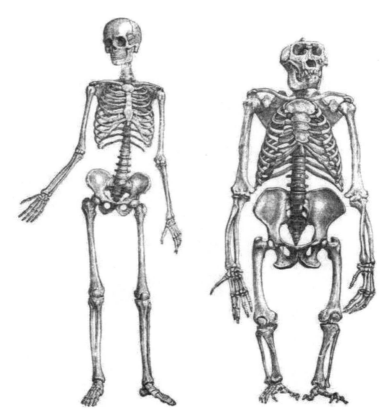

人和猩猩的骨骼結構對比

第四章

呼吸法

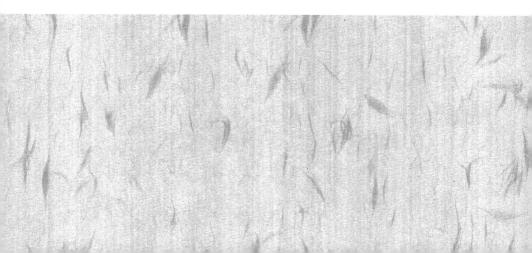

上一章我們給大家講解了「鬆靜」對於練習內家功法的重要意義。本章要談的就是如何掌握「鬆靜」的問題。

要修成內家純功，必須要讓意識真正接受鬆靜的概念、讓身體實際體認到鬆靜的感覺、最後讓鬆靜狀態固化在身體上。

鬆靜的道理不難理解，但是怎麼去做，而且做正確，是個大問題。正常人，讓他放鬆，就容易懈。不讓他懈，就會緊張。讓他靜，他可能胡思亂想的更多了，不想的時候，可能又在發愣或者犯困。

別擔心，先賢們早有解決之法。

辦法倒也很簡單，就是從呼吸開始練起。

鬆靜的入手之處即是呼吸。

這個答案恐怕會讓一部分人感覺意外——練拳，不是要打拳嗎？至少應該站樁吧？或者練點什麼抻筋拔骨之類的功法？呼吸能幹啥？能打人嗎？

另一部分人可能會興奮起來——呼吸，我懂啊！我就說內家拳得練氣嘛，我會順腹式、逆腹式、閉氣法，要不要再加一點冥想……

抱歉，持以上觀點的朋友，你們對內家功要求的呼吸法都還沒有什麼真正的認識和概念，可以說，根本不瞭解內家呼吸法的真義。

內家功是一套很樸實的健身、強身方法。其充分利用了身體與精神的相互作用，而兩者之間的橋樑，就是呼吸。

第一節

呼吸的意義和作用

　　讓我們重新再審視一下呼吸——這個看似普通的生命活動，重新認識下它對於人體的意義。

　　「呼吸」這個每時每刻都在進行，平常得不能再平常的活動，其實關係到人體內部的每一個層次、每一片區域。其重大意義和價值遠不是「人不喘氣就會死」這麼簡單。

　　對呼吸的正確認識有以下幾點：

　　首先，呼吸既為人體的生命活動提供能量，還為體內其他化合物的合成提供「原料」。

　　這點我們在「內家人體觀」的章節有過介紹。可以說，是呼吸維繫了我們的生命，呼吸的終止，往往也意味著生命的結束。

　　其次，呼吸還是一切人體運動的基礎，任何一種人體運動都不可能長時間脫離呼吸。而且「呼吸」本身，就是一種天然能夠連通人體內外的「運動」。

　　呼吸時，身體內外的骨骼、肌肉都要運動起來，臟腑也會隨著膈膜的起伏和胸廓的漲縮而被動地運動。所以，呼吸是牽涉人體器官和功能最多的運動。

最後，也是最關鍵的一點，呼吸是聯繫人的精神與身體的紐帶。

在實踐中，我們可以經由意識對呼吸的控制，來調節身體狀態，進而影響自己的精神狀態。

可以說，把握住了呼吸，就真正把握住了自己。既把握住了一身之內外，也把握住了有形之軀和無形之精神。

內家拳講究身心兼修，並明確以「鬆靜」為登堂入室的門戶，很自然地，呼吸法就成為打開這扇門戶的鑰匙。

這裏要說明一下，能被稱為「法」，就意味著此種呼吸絕非普通人的自然呼吸。那種日常為了換氣的口鼻呼吸，在內家拳理論中，只能叫作「喘氣」，根本起不到調節乃至鍛鍊身心的作用。

內家拳的「呼吸法」，乃是一套內家功法理論指導下的特定呼吸方式，具有調攝身心的特殊效果。

那麼，內家「呼吸法」具體是如何鍛鍊身心的呢？

基本有以下幾種：

1.「呼吸法」可以激活軀體的深層肌肉

因為呼吸，即使是普通人的呼吸，也會牽動幾乎全身大部分肌肉參與運動，包括那些極深層的，平時幾乎感覺不到的肌肉。絕不限於一般的健身書籍上提及的，胸肌和肋間肌等有限的那幾塊。不過，這種牽動效果較淺，普通人在日常生活中幾乎不會察覺。

只有劇烈活動之後，為了儘快償還氧債，身體才會儘可能地發動所有的肌肉參與呼吸，以增大肋骨翕張和膈膜

升降的幅度。這時候，人才會認識到，原來身上這麼多肌肉都可以參與呼吸運動。

而內家拳的呼吸法，則是利用這種原理，主動地加深呼吸，從而調動更多的肌肉，包括很多軀幹部位的深層肌肉發生整體運動。

在實際應用方面，市面上比較典型的例子是所謂的「硬氣功」，大部分的硬氣功呼吸法，都是利用這個原理起效。在表演抗打、開磚裂石等項目時，別管真功夫假功夫，都要裝模作樣地表演幾下呼吸調節，立刻就能給人一種表演者「運上了氣」的感覺，其實這種調氣就是激活了深層肌群，讓它們能夠瞬間繃緊，從而承受較大的衝擊力。

2. 呼吸運動還能夠刺激到體腔內部的各種筋膜

最基礎的，是體腔內壁上的筋膜，因為深長呼吸可以擴張胸腔，進而引動腹腔的漲縮，形成體腔的整體漲縮。還有膈膜，它的升降本身就是呼吸運動的一部分。所以這些筋膜都是可以由呼吸直接鍛鍊到的。

此外，五臟六腑也是有筋膜包裹的。臟腑之膜，與體腔膜又是相互聯結的。故而施行特殊的呼吸法調節，可以控制我們的體腔像風箱一樣做有節律的膨脹——收縮運動，尤其是膈膜的升降，可以牽動臟器，從而達到「臟腑按摩」的效果。

此類功法有兩大特徵：一是要深長呼吸；二是往往要藉助特定的字音輔助，例如：六字訣、心意拳雷聲、意拳試聲等功法。

3. 呼吸運動與人體氣血的生化運轉也是息息相關的

透過呼吸調節，可以涵養氣血，並推動氣血在經絡中的運轉循環，從而潤養五臟，這種方法比利用體腔內膜的漲縮來按摩五臟，效果要更深入。同時氣血的高效運轉，更可以濡養筋骨，滋養全身，收到「固本培元」的效果。

不過這裏要說明一下，修練此種呼吸法，關鍵是不能用意識強行意守、導引。這與很多強調意念的氣功類功法有重大區別。

自然呼吸法見效的標誌是身體經過放鬆、溫養和積累，內部自然出現溫和舒適的熱感。這種熱感相對集中，一般是出現在某個穴位、某個竅要或者某一條經絡處。而用意念強行誘發出來的熱感，則是散亂的一片，停止意念就會消失，可意想的時間久了，又會讓人感覺心裏煩躁，還易上火。

4. 呼吸是鏈接身體和精神的紐帶

常人只能支配自己的身體，很難掌控自己的精神世界。大家可能都有這樣的經驗。

你想專注某事，卻很快會聯想到別的事上去。

你想理智面對某件事，卻發現情緒或他人的態度對你的影響更大。

你想命令自己的意識活動安靜下來，卻會發現雜念越來越多，不可遏制。

那麼，能不能訓練我們的意識活動像身體一樣可控呢？

呼吸法就是古今中外通用的，最通俗大眾化的修行法

門。例如我國佛家、道家的禪定功夫，印度的瑜伽和西方的冥想等，都包含了大量呼吸類的功法。內家功的神意修練方法，是從佛道兩家借鑑過來的，其中很自然地包含了調息方面的功法。

綜上所述，呼吸法可以以簡馭繁地貫通人體「五大系統」的修練體系，可以說是事半功倍的方便法門。所以，想深入內家功法堂奧的朋友，對於呼吸法，不可不知曉其原理，更不可不身證其功法。

丹田呼吸法的體認

　　用呼吸法作為入門手段，有一大優勢，那就是見效快。呼吸對人體的影響，不需要練習者修練多少年，具備多麼高深「功力」後才能見效。其實普通人的正常呼吸，也無時無刻不在影響自身的精神和肉體。別的不說，咱們著涼感冒時，鼻子不通氣，也會感覺頭發暈、沒精神、身體乏力。呼吸、精神和身體，這三者之間的相互影響是天然具備、立竿見影的。所以，用專門的方法進行呼吸，健身功效就會更加顯著。

　　下面就讓我們來瞭解一個最初級的呼吸法：**丹田呼吸法**。

❦ 練法

　　姿勢不限，坐、立或仰臥均可。只需注意身姿端正，不左歪右斜，不彎腰駝背就可以了。

　　站好（或躺好以後）左手手心向內，以內勞宮穴對準肚臍（神闕穴），摀在肚臍之上。右手手心向內，內勞宮穴對準左手外勞宮穴，摀在左手之上。即兩手手心向內相疊，蓋在肚臍之上。兩手勞宮穴對準肚臍。然後放鬆身體

丹田呼吸法的站立姿勢，注意身體端正，兩腿自然分開站立即可，要求端正、舒適、自然

和精神，保持姿勢不變，自然呼吸即可。

🍃　環境要求

最好選擇空氣清新之地，山清水秀之地最佳；如果在室內，至少保持空氣潔淨。安靜之處最好，實在找不到靜謐之地，選個不太嘈雜的地方也可以。

🍃　時間要求

每次不低於 30 分鐘。平時隨時可做，亦可代替午睡休息。又可當作晚上睡前的預備活動。

🍃 功效

固本培元，涵養精神。建議練習者每過一段時間，就用自己的切身體會去對照下這八個字，看看對這八個字的涵義是不是有了新的領悟。

🍃 要領提醒

1. 不要刻意去做深呼吸

不管你以前是不是練過瑜伽、氣功、太極拳、站樁功、某某意念法，等等，請把它們忘了。不要把那些運動的要求照搬過來。純正的內家功夫必須保持自然而然，不能摻雜任何人為造作的東西。所以剛開始請一定保持呼吸自然。

隨著心態的平靜和身體的自我調整，呼吸會自然深長，那才是真正的深呼吸。到了境界，別說什麼腹式呼吸，就是脊柱呼吸、穴位呼吸，都會自然出現。

那種靠大腦指揮腹肌，自己鼓肚子、癟肚子的可不算！那不過是活動腹部肌肉罷了，要想玩那個不如去做幾個仰臥起坐。

2. 心靜之後，體會呼吸帶給身體的變化

注意是體會，就是去發現有沒有，而不是自己做出來、裝作有。如果能體會到，呼吸運動的根源在自己腹腔深處某個地方，那就把自己的注意力淡淡地 —— 似有似無，不要刻意 —— 放在那裏，繼續體會，留意那裏會發生點什麼。這主要是給自己的下一步修練找個落腳點。

要不然光說體會，到底要體會哪裏啊？

身體會告訴你，就是體會那個地方！就這麼個意思。

千萬別搞成，自己並沒有什麼真實的體會，又不甘心，乾脆以意念在肚子裏強行指定一個點！不是這樣的！體認和意念假想、引導，是有本質區別的，切記！

這裏提前透露一點訊息，以免很多人胡猜亂想。我們要體會的是人體由肚臍在呼吸。如果肚臍下、腹腔內的區域開始發熱了，即是得法了。

如果不熱，切勿強求。自己想像出來的熱感是不算數的！靠手心的熱量把皮膚焐熱的也不算。這種從內裏生成的熱感，有點像寒冬喝了一碗熱湯的感覺，是那種很舒服、很滋潤的感覺，和表皮發熱是截然不同的。

3. 不要多想，不要聯想，更不要瞎想

一切好的效果都是隨著你堅持練功，慢慢顯現出來的。是它出現了，而被你不經意間發現的，而不是自己刻意去做出什麼。這跟你練了一個月俯地挺身，然後發現自己肌肉強壯了是一個意思。肌肉強壯是你做俯地挺身的結果，而不是你在做俯地挺身時，老在琢磨是不是我往肌肉裏注射點什麼，它就能長大了。

另外，該呼吸法的仰臥式練法，對失眠的療效也相當不錯。

看完丹田呼吸法的介紹，不知道大家發現什麼沒有？

這個丹田呼吸法，就是「鬆靜」原則在具體操作領域的直接體現。看上去似乎很簡單，貌似什麼也沒有做，什麼也不用做。

　　鬆靜的含義就是如此，真的就是什麼都不做，什麼也不用做。身體不用動，不用力，腦子也不用想，不用思考。

　　聽上去很簡單？

　　不妨試試看，「什麼都不做」是否真是那麼簡單的一件事？

　　「什麼都不做」其實是最難的！

　　——然而這個卻是內家拳最基本的東西！

　　「什麼都不做」，即是「鬆靜」。

　　「自然呼吸」，即呼吸法。

　　看上去好像有些打機鋒、忽悠人的味道。

　　但我還是要說，這「什麼都不做」「自然呼吸」九字醍醐，望有心者和有志者，能多多體悟，想必會收穫良多。

　　〔註〕機鋒：禪宗用語，指一種充滿深刻意涵的語句。

第三節

椿法中的呼吸

看完前兩節，很多奔著內家「拳」來的朋友可能會感覺無法接受。

要是「什麼都不做」了，那還怎麼練拳呢？

別著急，主觀上，雖然我們追求「什麼都不做」，但是這不代表客觀上「什麼都沒有」。這是內家拳一個比較特殊的地方，你不求，它反而生出來了。

下面我們結合內家拳的基本功——站椿，來看看這種「鬆靜無為」的呼吸法是如何在身心修練方面見成效的。

原本「站椿功」是要留待第八章再系統介紹的。但是站椿功的入門之法，又確確實實是「呼吸法」，所以我們把築基椿法「無極椿」中由呼吸體認「鬆靜態」的方法提前到本章來介紹。

將來有朋友看完本書，準備實修驗證的時候，記得把這兩部分跨章節的內容拼接完整以後再練。

無極椿中的呼吸法，第一步叫「數息法」。

常人在初學站椿時，第一關是筋骨酸疲，第二關是心理上的煩躁、迷惘、胡思亂想。其中，最難過的就是心理關。身體上的疲勞，其實咬咬牙都能熬過去。心不靜，是

最折磨人的。

對於一般人來說，心靜本來就是一個比較難以理解的概念。你不讓我動，還不讓我想點啥？

所以，我們退而求其次，將「心靜」的要求降低到「集中注意力」這種程度。啥都不想做不到，那咱就少想點，就想一件事行嗎？比如呼吸。

即使如此，常人還是做不到。大家可以體認一下，現在合上書，坐好，開始關注自己的呼吸。估計 1~2 分鐘內，大家還能集中注意力於呼吸，但是很快，腦子裏就會出現別的事情。

比如過會兒去吃點啥；這個月工資能不能多一點；最近公司出了什麼事，會不會波及我……這時候，有的人會不知不覺地順著這些念頭聯想開去，再也回不來了。

有的人則會意識到，咦，我怎麼想別的了？不是說讓我關注呼吸嗎？我不能想這些事啊！那怎麼才能不想呢？這樣總想著如何去除雜念，其實也是一種雜念，因為他還是把呼吸給忘了。

沒關係，這都很正常。咱們再退而求其次。想個辦法把散亂的注意力「固定」在呼吸上。

具體怎麼辦呢？

咱們每呼吸一次，就計一個數，這樣就不會輕易「忘了」呼吸了——這就是「數息法」。

剛開始，數著數著，還是會走神，還是會胡思亂想，還是會把計數和呼吸都忘掉。但是不怕，至少我們已經在意識之海中找到了一個「錨點」，思維走多遠都沒關係，

只要一個念頭，我們就能把注意力拉回到呼吸上來。這樣反覆訓練，堅持一段時間，你就會發現，自己一次性能堅持數的數越來越多。這就意味著，你對自己的意識已經有那麼一點點掌控能力了。

一旦能夠凝聚注意力了，我們就可以將訓練重點過渡到身體的放鬆訓練上來。

具體來說，就是用呼吸調節身體放鬆。一般來說，吸氣時，軀幹上的相關肌肉會收緊，牽引肋骨開張，體腔內膜會自然膨脹。呼氣時，那些肌肉、筋膜又會自然放鬆、下沉。數息法就是利用這一特點，引導練習者體會呼氣時的那一下「放鬆」。

所以，數息法的要點是「數呼不數吸」，把意識集中在呼氣時，更容易體會到身體自然放鬆的感覺，從而儘快把握住「鬆」的感覺。

在具體操作上，我們並不追求一步到位的所謂「整體放鬆」，而是分四步走，這樣每一步都會令身體（主要是軀幹）的一個區域徹底放鬆，而不是糊塗地鬆，自己也體會不出鬆沒鬆到位，得了什麼好處沒有。

身體鬆到一定程度，就會產生相應的內在變化，這種變化是可以被我們自己感知的。

所以，內家拳的「鬆」既不是虛無的概念，也不是漫無目的在那裏耗時間、熬身體。

每一步放鬆訓練，都有每一步的標準，習練者可以對照參考以評估自己的程度。

第一步：注意力放在大椎穴，用呼吸引導兩肩和頸部放鬆

每呼出一口氣，即多放鬆一點身體。可選擇 36 口氣，逐漸增加到 72 口氣，最後到 108 口氣。

常人的肩頸部最為僵硬，堪稱身體的第一把鎖。肩部不鬆，軀幹陽面的筋膜會不斷向大椎穴縮緊，其他部位想放鬆也沒有筋腱的拉伸量。所以透過呼吸，放鬆肩頸可以為放鬆其他部位打下基礎。

這一步練到位，可以感覺後背大椎穴至夾脊穴之間，有一個菱形的小區域，隨著呼吸一起一伏，就算是達標了。

第二步：注意力轉移到命門穴，引導腰椎放鬆

兩肩和背部，初步鬆開之後，脊椎會向下鬆開一截，這時腰如果不鬆，則上半身釋放出來的筋骨拉伸量無處可去。所以第二步是鬆腰。

常人的尾閭、兩胯的筋骨都是往命門塌縮的，沒有向外的延展量。所以要透過呼吸，放鬆命門附近的肌肉，舒展筋膜，將腰椎、髂骶關節、兩胯後緣鬆開，為腿部的放鬆打下基礎。

這一步練到位，感覺尾閭（尾椎骨）像鉛墜一樣鬆沉下墜，兩側的骨盆後半圓也很沉重，像掛在腰椎上的兩個重物。能有這個感覺，就算是達標了。

第三步：注意力轉移到會陰穴，引導盆腔放鬆

常人盆腔的筋膜被腹部、臀部、大腿的大塊肌群擠壓，處於萎縮狀態，相關肌肉無力。

這種狀態從內功角度講，使培育丹田養氣缺乏操作的空間。從調形的角度講，人身中節的關節鎖死，筋肉乏力，力量不足。

放鬆會陰穴，可以逐步打開、拓展盆腔底和小腹正面的筋膜，使小腹內出現空腔感，這就是所謂的「氣竅」。開了竅，才能有「空間」養氣。

從結構調型的角度看，能夠促使內襠（腹股溝）、外胯（兩環跳）橫開，為身體的鬆沉勁落槽歸位打開通道，也為下一步調形做好準備。

這一步練到位，會陰部從一個點，變成一塊具有張力的碟狀膜片，封住骨盆底部，並有向上兜托之力。能清晰地感到自己的骨盆真是一個「盆」，盛住了身體軀幹部位的下沉之力。出現這個感覺，就算是達標了。

第四步：注意力集中到神闕穴（肚臍），引導腹腔的筋膜騰起

這個就相當於第二節的「丹田呼吸法」的升級版了。具體的方法要複雜一點，所以有必要再囉唆一下。

很多內家拳愛好者糾結於該採用順腹式呼吸或是逆腹式呼吸，甚至為了吸氣、呼氣時到底是該鼓腹還是收腹爭論得不亦樂乎。

其實，經過前三步的放鬆和呼吸訓練，讓腹腔、盆腔內部筋膜舒展、騰起，最後成整體球形脹縮，才能構成內家拳所要求的「丹田呼吸」的物質基礎。沒有內膜騰起的訓練，所謂的腹式呼吸不就是動動腹肌嗎？怎麼可能鍛鍊到筋骨、臟腑、經絡？這一點，希望有志實證內家功夫的

朋友一定要理解。

下面，我們介紹升級版「**丹田呼吸法**」的具體操作：

先吸足一口氣，再呼淨。

呼氣時，小腹自然收縮。但當呼氣到盡頭時，小腹內反而會有一個點，生出向外膨脹的感覺。這一點，便是將來丹田的萌芽。

然後，每次呼吸時，想著氣是從鼻腔吸入，由肚臍呼出，這樣呼氣時腹腔反而向外整體膨脹，日久功深，腹膜自然騰起、有力，同時配合數息，引導意識靜照丹田，靜待其內部自然生熱。

這才是「丹田呼吸」的意義所在。

而到這一階段，數息法基本就算是完成任務了。軀幹部位幾個常年緊張的區域，已經初步放鬆，帶動整個身體也放鬆到了一定程度。身體放鬆了，舒適了，心也可以安靜到一定程度了（注意力比較集中了），至少不會被肌肉的疲勞痠痛困擾了。身心都進入了舒適態，熱感自然會出現。然後，就可以轉到下一階段的呼吸法 ——「聽息法」。

丹田生熱之後，即轉入聽息法，不再計數，只是略微留意丹田，靜待內氣充盈。

這個階段修成的「內氣」，不用想得太神祕，就是中醫所說的人體的氣血。

上面提到的熱感，就是「得氣」的感覺。有了這種熱感，就意味著你的氣血從每日消耗，開始轉為滋養盈餘了。氣血不足，體內的關竅肯定不會發熱。

這種熱感，普通人生活中一般沒有感覺，但是卻有機會體驗到類似的感覺。比如在做「艾灸」的時候。中醫認為艾灸能調理身體，就是因為艾灸燃燒時產生的熱氣，類似人體自身的「正氣」（可以祛除病邪的氣）。我們體內的氣感產生時，跟艾灸作用於身體時的感覺很像，也是先產生熱感，然後這個熱感會「焐熱」身體，打通身體緊張甚至僵硬的地方，促進身體的放鬆，最後身心通暢，無比舒適。

兩者的熱感也確實類似，不同的是一個是藉助外力（艾灸），一個是產自身體內部（內氣）。

熱感越明顯，感受到的熱感區域越大，一開始可能是一個點，或是一條線，最後有熱感的區域形成一片一片的。就是「內氣」充盈的感覺。

「內氣充盈」，就是氣血充足，身體生機旺盛的體現。這樣，無極樁固本培元的工作，就基本達標了。練習者如果想進一步瞭解、掌握內家拳，就可以著手修練筋骨間架層次的功夫了。具體內容，請翻閱本書第八章。

雖然本節說的是呼吸法，但是本質上還是一種儘快體認身心鬆靜效果的輔助法，並不是說靠著呼吸法能另外多煉出什麼玄奇的東西。所以呼吸法關注的重點，不在於呼吸的次數，而是呼吸帶來的身心鬆靜，以及身心鬆靜後出現的健身效果。

說得再直白一點，運用呼吸法時，其實剛開始對於心靜的要求不是很高，一般到「注意力集中」的層次就可以

了，更多的還是保證練習者能夠較長時間地關注自己身體的放鬆，待身體放鬆的程度提高，站樁等練功方法自然會產生溫養舒適的體感，練習者的心理感受也會隨之舒暢、愉悅，進而提高靜心的程度。這會形成一種良性循環，進入了這個循環，練習者會發現所謂「功力」（筋骨、氣血的質量）真的是舒舒服服地就漲上去了。練功，不再是一種折磨，而是一種享受。

本章第三節介紹的幾個呼吸關注的部位，是軀幹上肌肉常年緊張鎖死的地方。只用呼吸法從內部鬆開它們，可能耗時較長，所以，內家拳訓練體系中，還有相應的「外練法」與之配合，內外兼修，可以大大提高放鬆的效率。這也就是我們下一章要介紹的「活身法」。

第五章

樞紐解鎖

　　透過鬆靜訓練，基本終止了日常運動模式帶給我們身體的影響後，就可以著手進行恢復先天本能的運動模式，但是先天狀態畢竟與我們的日常運動方式差異很大。想直接進行先天本能的運動訓練，身體各個部位的關節和肌肉是無法立即調整過來的。必須給身體一個鋪墊、預熱、適應的過程。本章介紹的內容，在傳統武術中稱為「活身法」，也有叫作「靈身法」「活節功」的。顧名思義，就是活化身體。

　　很多人把這類功法簡單理解為一般體育活動中的熱身柔韌訓練了，在功法實修中直接跳過，或者簡單比劃一下就了事。這就會給其他的功法訓練造成事倍功半的影響。

　　要修練內家功法，必須真正理解和把握「樞紐解鎖」訓練的本質，由此入手，逐漸體認到先天和後天兩種運動模式下人體結構的差異。

　　前面說過，內家拳的先天狀態，可以簡單理解為模擬虎豹之形。這裏說的不是外形，而是「內型」。

　　大家可以觀察一下，老虎和豹子的骨骼支撐結構，它們的脊椎和四肢像不像一座拱橋？脊椎像橋身，四條腿著地像四個橋墩，然後內臟被筋膜網兜掛在脊椎上，有比較好的減震效果。運動時，以脊椎，特別是腰椎弓彈扭動為主導，四肢配合，軀幹上的大肌群基本上都能參與運動。

　　咱們人類的身體結構，從運動角度來說，其實也是適合四腳著地爬行，比如大猩猩，運動功能並不遜色於虎豹。但是，當我們的類人猿祖先不再按照爬行的習慣行進，而是開始嘗試直立行走時，勢必會使身體構造和運動

人類由拱橋形骨架結構逐步進化為吊掛式的結構

方式發生改變。其結果就是，用以胸椎為根本構成的吊掛式結構，代替了以腰椎為根本構成的拱橋式結構。

這是直立行走造成的後果，是進化的產物。

大家看，我們的脊椎從一架平行於地面，並且擁有四個支柱的橫樑，變成了一根垂直於地面的立柱，只剩骶骨一個支點，穩定性大大下降。胸廓和骨盆的重量，從整條脊椎均衡負擔，變成了頸椎、腰椎局部受力。這就形成了我們現在的「Ｓ」形脊椎生理曲線結構。為了保證這個不穩定的新結構在站立和運動中不至於崩散，我們的祖先在漫長的進化過程中，還發展出一套加固的辦法。

一是透過收緊大椎穴附近的骨節和肌肉，把整個軀幹「吊」起來，使我們不至於走著走著又趴下去。但是這樣，就會導致身體總重心升高（一般人是在胸喉部），容易前傾後倒，左右歪斜。為了保持身體平衡，我們的肩關節區域的肌肉和韌帶就必須經常性保持緊張，這樣很容易

導致頸肩疼痛。

我們的呼吸也隨之變為胸式呼吸為主，這樣肺部的進氣量有限，而且體腔從平行於地面，變成垂直於地面後，內臟的重量都集中向下，腹腔承擔的內壓增大，所以成年人很容易變得大腹便便。

二是為了給脊椎提供穩固的支撐，骨盆周邊的肌纖維和韌帶（如腰、腹、臀等部位）會保持縮緊狀態，最後它們變得特別短粗厚實，用力托住軀幹膈膜以下的部分（腹腔、盆腔），給大椎區域分擔負重。

這樣就導致我們下肢和軀幹的各關節，尤其是兩個髖關節的韌帶變得短而粗，使我們的骨盆和大腿骨之間像被上了鎖，運轉非常不靈活。

三是把脊椎從一台發動機，變成了一根承重柱。脊椎上附著的肌肉也被迫變得又短又粗，而且要常態化地保持肌肉緊張，以加固自身的支撐結構。這就導致原先特別靈活的腰椎骨被周圍的肌肉層層包裹、覆蓋、鎖緊，完全喪失了自身應有的作用和活力。

這三種保持吊掛式身體結構穩定的方法，經過數十萬年的持續加強，導致我們的運動模式越來越側重於四肢為主，脊椎、腰腹更多的是縮緊為四肢的一個運動基座。這導致我們的軀幹部位的運動量越來越小，同時意味著體腔內外器官的新陳代謝效率減慢，很多垃圾廢物會積存在體腔的肌肉、血管和臟器內，使我們的軀幹變得更易老化或容易產生病變。

更要命的是，隨著汽車、電腦的普及，這種趨勢會進

一步加強。長期處於坐姿，使四肢中的下肢運動量也在日漸衰減。可以說，我們的智能在不斷進化的同時，整體的體能卻是處於不斷退化的趨勢中。

為了改變這種趨勢，內家功夫才提出，應該把人體的骨架結構儘量恢復到接近動物的狀態。這個接近，不是說讓我們模仿動物四體著地的動作，而是從靈活程度上恢復原始能力。也就是本書所要介紹的，先用「鬆靜法」實現「歸零」，引導修練者徹底終止原先的後天運動模式。再用「活身法」逐步「解構」，即先拆解後天運動模式形成的吊掛式人體結構，解放那些在進化過程中被「封印」的部位。最後用內動法「重組」，形成新的身體結構和運動模式。

其中，活身法的目的就是鍛鍊腕、肘、肩、頸、胸、腰、胯、膝、踝等人體的主要關節，也就是運動的「樞紐」。在後天運動模式下，每個關節都像一把鎖，「封印」了人體的一部分運動能力。

內家拳呢，針對這種情況，研究出一套方法，能將這些關節「解鎖」，把相應的運動能力釋放出來。相關功法有轉腕、滾肘、搖肩、洗胯、涮腰、轉腰、開胯、錯胯、吊襠、揉膝、捻踝、扣趾，等等。訓練得法，人體各大關節的力學結構會發生一系列的改變。

新的人體關節系統，太極拳稱之為「九曲連珠」，八卦掌稱之為「九宮歸一」。

下面，我們就以人體三大樞紐部位：肩、腰、胯為例，簡要介紹這個類型的功法。

（第一節）

洗　膀

● 何為「膀」？

雖然我們常說「肩膀」，但是普通人是有肩無膀的。膀，是「練家子」特有的「運動部件」。

傳統評書中常有一句話，說某位猛將或武者，「兩膀一晃，有千斤之力」。但是，真要問，這兩膀一晃，晃的是哪裏？相信很多人會迷茫一下。普通人一晃，只能晃動兩肩頭。大家可以體會一下，其實力感很差。

然後大家可以再深入思考和體會一下。如果說找到自己的肩，很容易。一抬手，就能摸到自己的肩頭。但如果說，找到自己的「膀」，絕大多數人會有點懵。

到底哪個部位算是「膀」呢？伸出手臂仔細體會，從肩頭往前找，是肱（大臂）；往後找，是背；略往上，是頸項；稍往下，是肋。

似乎根本沒有「膀」這個部位啊？

這就是我們所說的「封印」的意思。明明有這個部位，的的確確就在自己身上，但你就是找不到。

那麼如何破解這道封印呢？

　　鑰匙就是「肩胛骨」——透過對肩胛骨的有效鍛鍊，就能把「膀」開發出來。

　　鍛鍊肩胛的功法叫「洗膀」，具體動作在本節末尾會介紹。現在還是讓我們先把理論梳理清楚。

　　對於普通人而言，肩胛骨屬於後背的一部分。對照解剖圖，大家可以看到，兩肩胛骨之間的區域，由斜方肌、背闊肌，以及部分肋間肌組成了一大塊菱形肌腱。其中，在斜方肌深層，肩胛骨內側緣和脊柱之間，還有一小片肌腱，本名就叫「菱形肌」。

　　這一組菱形肌腱，以脊椎為中線，一邊一個三角形，左右對稱。普通人這片區域的肌腱韌帶都特別短，而且肌肉用力習慣往往是往脊椎上回縮的。有的人經過鍛鍊，可以表演用兩個肩胛骨夾住光碟，甚至夾住鉛筆。

　　內家功則完全相反，要把肩胛骨向兩側橫向拉伸，引導後背的這片菱形肌腱舒張、放長，像飛鳥的雙翼一般，獲得很大的延展量。這個新形成的身體部位，就叫作「膀」。

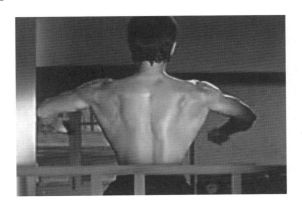

● 「膀」有何用？

　　練出了膀，練習者上肢的力學結構就大大改變了。

　　原先手臂的最後一節是肩關節。它是由鎖骨外端、肱骨頭（大臂骨上端）組成的一個小小的球窩關節。雖然很靈活，能做 360° 旋轉，但是很脆弱。其關節囊薄而鬆弛，而且囊下部沒有韌帶和肌肉加強，最為薄弱。肩關節脫位時，肱骨頭常從下部脫出。

　　現在練出了「膀」，肩胛骨就變成了手臂的最後一節。從靜態結構來看，等於手臂骨骼的末端支點從一個點變成了一塊三角形的骨板，並且這塊骨板還可以藉助整個背部作為支撐。這種新的上肢結構無疑能夠在手部尖端形成更大壓強。

　　從動態來分析，肩胛骨與脊柱之間的肌腱、筋膜長度增加，手臂運動的幅度隨之增大，能夠參與運動的肌肉也大大增多，等於增加了自己的武器長度、力量及其活動範圍。這就構成了傳統武術中某些技法的物質基礎。

　　比如，通臂拳、劈掛拳的手臂如鞭、放長擊遠，這是最為直觀的。還有截拳道的「寸勁拳」，就是利用了訓練後肩胛骨增加的運動幅度來發勁。內家拳則發展出了直接用「膀」打擊的技術，心意拳有「五膀七炮」、形意拳有「熊膀」等。可以說，「膀」這個概念，是傳武功法體系訓練成果的一個具體體現。

　　更加重要的是，肩胛骨帶動脊椎、背部、肋部的腱膜向兩側打開後，直接解放了胸廓區域，使我們的軀幹可以

獲得更大的運動空間。這就為練習後續功法，打開了通路。

胸廓是胸腔壁的骨性基礎和支架，由 12 節胸椎、12 對肋骨和 1 個胸骨借關節、軟骨聯結組成，像一個籠筐，保護著我們的內臟。

從身體運動，特別是內家拳特有的「內動法」角度來看，胸廓是一個樞紐。特別是背後胸椎的區域，相當於人體內部力量運行通道的「十字路口」。在這裏，往左右，通往肩胛—兩肋—兩臂；向上，通往頸椎—頭顱；向下，是腰椎—骨盆—腿。對於還沒有解放出「腰、胯」的人來說，胸廓基本上就是「軀幹」的主體部分。

從調整身體結構的角度來講，「洗膀」**一是能矯正頸椎**。因為「洗膀」是以肩胛骨為活動主體的。肩胛骨的活動有個關鍵「節點」，就是大椎穴。不知道大椎穴沒關係，把自己的手從肩上方伸到背後去，摸自己頸椎和胸椎相接處，那裏有塊最大的骨頭，恰好是頸椎的基座。以這一骨節為中心，向上到後腦，向下到命門以上，向左右到兩肋，這一大片區域，是多層羽狀肌肉疊加組成的。

練「洗膀」，就像給這些肌群做按摩一樣，而且是從裏往外把它們鬆開。這部分肌肉鬆開了，頸椎供血馬上就會改善，會有一股鬆活、滋養、舒適的感覺沿著頸椎七節一路透到顱骨內去，相應的整條頸椎都能得到放鬆，對於恢復肩頸疲勞有特別好的效果。

二是能矯正胸椎。胸椎就是指後背一段的十二節脊椎骨。肩胛骨打開之後，附近區域內的筋腱也隨著舒展放鬆

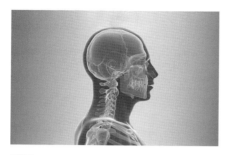

頸椎

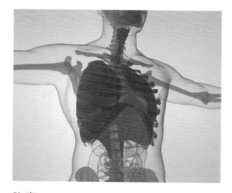

胸廓

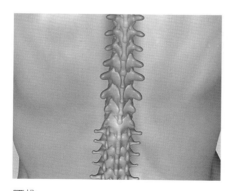

腰椎

了。再深入一層，就能將胸椎骨上附著的一批小肌群鬆開，這樣就能打開胸椎十二節，人的脊背就能自然挺直了。進而就可以調整整個胸廓（就是肋骨抱成的這個籠筐）的形態。

人體的心、肝、脾、肺都在胸腔內，形體姿勢不正，則五臟位置偏移，甚至互相擠壓，就不能正常工作，發揮功用，很多亞健康症狀會隨之而來。

要保持胸椎正直，做起來簡單，保持很難，除非受過專門的形體訓練。一般人是由頸椎和兩肩肌肉的拉扯來調整胸椎和胸廓的姿態。不信大家可以體會一下，

如果你正處於一個「葛優癱」的姿勢下，突然讓你站直了或者坐直了，你先動的不是胸椎骨本身，而是頭和脖子，是靠頸椎的力量把脊椎給拔直的。這種調整方式很容易疲勞，堅持不了多久。等於是一個人自己站不正，全靠周圍的人攙著，這些幫忙的人一累，用勁不均衡了，這個人就又歪斜了。不信大家可以觀察一下周圍的人，他們一個姿勢待長了，不是開始羅鍋駝背，就是出現一肩高、一肩低的現象。時間久了，有的人就會產生關節病變。問題是這種毛病去了醫院，醫院的治療方法就是牽引，你就會發現自己陷入了一個死循環：牽引，恢復，疲勞，變形；再牽引，再恢復，再疲勞，再變形……其實真學會了正確的放鬆方法，這種類型的小毛病，自己就能解決了。

三是有益呼吸。不管是從養生，還是運動的角度，呼吸深長肯定是件好事，最起碼進氧量大。但是呼吸深長，得有物質基礎，肺泡本身的脹縮量是有限的，肺主要還得靠肋骨之間的肋間肌和橫膈膜的運動脹縮。肩胛骨活開了，相關肌肉也放鬆、拉長了。胸廓，特別是對肋骨的束縛就減少了，肋骨的活動空間能擴大一些。大到什麼程度呢？有內家前輩高手，能運用肋骨像拳頭一樣打人。

另外，肩胛骨橫開，還能進一步釋放橫膈膜的活動量。一般人呼吸只能用到橫膈膜的前側，膈膜後側很難動起來。不信的話，你可以在呼吸的時候用手摸摸自己胸口和後背，是不是前胸的肋骨的脹縮幅度比後背大多了？因為後背被原先的兩側肩胛骨內縮的背部筋骨結構給鎖住了。

　　小時候我們都做廣播體操，其中「擴胸運動」就能鍛鍊到橫膈膜。但是大家想過沒有，從外形動作上看，擴胸運動直接牽扯的是胸大肌，它怎麼鍛鍊到橫膈膜呢？其實是藉助了肩胛骨的運動。

　　手臂的開合，帶動了肩胛骨的運動，肩胛骨再牽動肋骨後緣，從而激發了橫膈膜後側的活力。擴胸運動只是讓肩胛骨被動運動，就已經可以有效刺激橫膈膜了。更何況「洗膀」是鍛鍊肩胛骨主動運動。你整個背部的肋骨想不動都不行，這樣橫膈膜就整個開發出來了。

　　橫膈膜上下起伏，就是給內臟，特別是給肺臟做按摩。這個練到了，內裏自然會有真實的體會。不願意深究醫理的，也沒關係，記住「洗膀」有助於調理人的呼吸就可以了。呼吸改善了，對於打通體內的能量循環網有很大作用。這個可以和「鬆靜入門」中介紹的「丹田呼吸法」合練，看看是不是互相促進。

　　把頸椎、胸椎、肋骨都調理到一個合理的位置，才能進一步鍛鍊另外的樞紐。因為腰、胯開發出來之後，力量很大。如果這個區域沒有調整到一個穩定平衡的結構，力量傳導經過胸腔時，會傷害關節和內臟。

　　如果以上理論看著撓頭的話，可以施行一個小試驗來體會一下「洗膀」的益處。試驗方法很簡單，就是「立定跳」。

　　正常的立定跳，我們都會先前後悠蕩身體，帶動雙臂擺動幾次，當雙肩放鬆，上身（胸廓周圍）感覺輕快時，縱身一躍，就能跳出我們的較好成績。（請記住這時的感

覺，後面練習的時候可以借鑑）。

如果我們把要領反過來，先有意識縮緊兩肩，夾緊腋下，再做立定跳。你會發現，雖然我們只是肩關節鎖緊，但是導致整個身體都變得僵硬，軀幹和雙腿的力量也難以充分釋放。

三 「膀」如何練

（一）洗膀（前後轉胛）

洗膀

以站姿為例，可以先找一面牆作為參照物，側身而立。比如先用左肩對著牆，兩手臂自然下垂，儘量放鬆，不要讓胳膊主動做任何動作。然後純以左肩頭為引（可以想像左側鎖骨接上了一支毛筆，橫向伸出去），在牆上由後向前（正轉），再由前向後（反轉）畫圓圈，以此帶動整個肩關節活動起來。一邊畫圈，一邊放鬆，好像要把肩胛骨連同周邊的筋腱肌肉整個從後背上卸下來。這種圓周運動開關節的練功方法，老話叫把關節「洗開」。所以這個動作叫「洗膀」。

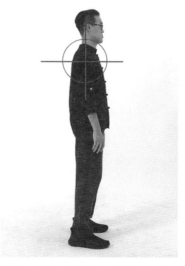

洗膀功法起勢樁態，請注意肩頭位置位於圓心

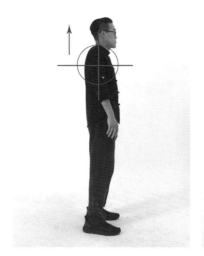

轉肩開始，肩頭先順十字坐標立軸往上移動

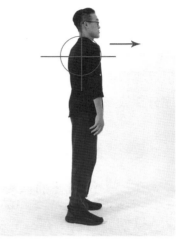

肩頭接著沿圓弧線從上往十字坐標的前方轉

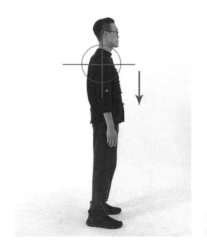

肩頭接著沿弧線從前方往十字坐標下方轉，因人體生理結構限制，顯然，不可能往下沉很多，但可以儘量往下抻拉一下

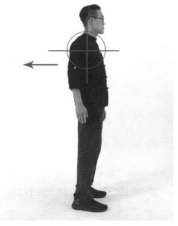

接著從十字坐標下方往十字坐標後方轉。然後再轉向上方，這樣就完成了一圈

一般是左膀正轉三十六次、反轉三十六次，再換右膀正轉三十六次、反轉三十六次，最後是雙膀一起正、反轉三十六次。這一組做下來，如果肩、頸、胸、背、肋等部位覺得發熱，很鬆快、很舒服，呼吸也隨之暢快，那就是練對了。如果有不適感，一定是哪裏緊張了，可以停下來，抖擻一下精神，待胸背肌肉徹底放鬆下來之後，再進行練習。

練習「洗膀」時，有兩大要領需要注意：

（1）用膀畫圈時，僅動肩頭，胳膊不參與運動，就當自己沒有胳膊。

（2）當肩頭畫圈比較熟練以後，要將意識專注於兩肩胛骨之間，體會肩胛骨與脊椎之間的筋膜肌肉鬆活、伸展、放長的感覺，別讓這些肌群往回抽勁。

（二）搖臂

有的朋友可能仍然會覺得把握「洗膀」這個動作有困難，這很正常。因為「轉肩胛」這個動作說起來簡單，做起來其實並不容易。

普通人的肩胛骨被肌肉層層包裹束縛，根本沒有多大的運動量。尤其是那些長期伏案工作的人，肩部筋肉已經特別僵硬，要找到並轉動肩胛其實很吃力。所以，我們得先想辦法，把肩胛骨「解放」出來。

這裏傳統武術訓練體系可以提供一個難度相對較低的功法——搖臂。體育運動中也有類似動作，稱之為「肩臂繞環」。但是要求和細節有所不同，具體動作如下。

1. 下盤姿勢

　　左弓步站立，左腳在前，腳尖正對前方，然後內扣約5°。如果左腳尖完全向前，或者腳尖外擺，會讓練習者感覺站得不穩；如果左腳尖內扣幅度太大，則左髖關節會感覺鎖死了，影響整個動作的流暢程度。

　　右腳在後，足尖外擺 45°。這樣能讓右胯關節完全打開。

　　兩腳間的距離是自己腳掌長度的一倍半到兩倍，以後可逐漸加大步幅。這個可以自己調節，感覺穩當輕便即可。

　　前膝稍微向前頂一下，這樣身體會自然下坐。

　　腰椎要挺直，但是兩個胯窩不要挺著，要放鬆，這樣身體才會從頭到腳形成一個充滿彈性的架構。

在地面找一條直線，兩腳前後站立，並分別位於線的左右兩邊。前腳腳尖大概與線相切，後腳則是腳跟大概與線相切。兩手自然，鬆垂在體側，腰椎要正，身體自然放鬆，充滿彈性。重心前四後六。上二圖分別為正面圖、側面圖

重心前六後四，就是說略靠前，這樣後腿可以伸直一點。但是請不要蹬得太直，後膕窩要放鬆，保持一點點曲度，不要讓後腿的肌肉太緊張。

剛開始練習的時候，可能做不到上述要領。沒關係，站好以後，身體上下顛動幾下，周身的肌肉會自然調節到放鬆而有彈性的狀態。

2. 上盤姿勢

左手可以先放在右胸口，這樣可以幫助你時刻感知並保持胸大肌的放鬆。這是人體運動時最容易緊張的肌肉之一。胸大肌放鬆了，才能逐步解除胸背肌肉對肩關節的禁錮。

3. 具體動作

搖臂的動作，就是掄胳膊。但不能瞎掄，得有講究。

要想像自己是在掄一個用皮筋繫在肩背上的流星錘。身體是胳膊，肩胛骨是手，手臂是皮筋，手是沉甸甸的錘頭。力量從腰腹發動，沿著脊椎傳到手指，經過手臂的加速，離心力越掄越大，把手臂上的筋越抻越長。

重點是，利用甩臂的離心力和肩關節的圓周運動把肩胛骨從後背上逐漸「卸」下來。「搖臂」這個動作在通臂拳、劈掛拳中最受重視。

在這兩門拳術的正規練習中，一次搖臂 500 下為達標，2000 下為優秀。如果僅想達到健身效果，也應保證 50~200 下的基本訓練量。

這個動作可以打通身手之間的關節和經絡，所以長期堅持，對頸椎、肩周、手腕等處的關節病，有非常好的預

以搖右臂為例，可以先用左手摸著自己的右胸大肌。以檢查自己放鬆沒有

確定胸大肌放鬆後，可以把左手放在左胯上，以幫助穩定身體，儘量保持身體正直，不要歪斜。然後開始搖動右臂

防和康復效果。就算是不想正式練習內家拳的朋友，也可以利用這個方法給自己的關節做一下保健。

4. 開肩小竅門

手臂在前後揮動過程中，有一個細節要領，叫「上擦耳朵下擦腿」。這個要領說起來不難理解，就是手臂在身體側面順逆畫圓時，大臂從頭側經過，要儘量能擦到自己的耳朵；從下方經過，要能擦到自己的腿外側。但是真要做到，還得費點功夫。

大家可以對著鏡子試一試，這個動作不能硬做，一旦刻意為之，要嘛是頸部歪斜，用腦袋去找大臂，要嘛是大臂肌肉緊張，硬去擦耳朵。

　　剛開始做不到沒關係，一定要保持身體的正直，用身體立圓運動的離心力，慢慢把胳膊悠開了，再讓大臂自然到位，不到位也無須強求。

　　這個要領既是打開肩關節的訣竅，也是檢驗肩關節是否徹底打開的標準之一。沒有這個要領，手臂在空中畫出的是一個錐型，手動的幅度大，而肩關節運動的幅度小。加上了這個要領，手臂運動就是在以肩關節為軸的一個大立圓平面上，這樣才能把肩關節徹底活動開。關鍵是，一加上這個要領，就可以拉伸到腋下和肋側的大筋，進而牽動肩胛骨。這是體育熱身程度的「肩臂繞環」所開發不到的地方。

　　透過「搖臂」練習，準確感覺到「肩胛骨」之後，就可以有效地練習「洗膀」了。

頸部歪斜的錯誤示範　　　　　做到這種程度就可以了

第二節

擺　髖

　　按理說，介紹完「胯」的練法，應該接著介紹胯。關於胯，近年來介紹其功用的文章不少了。從生理學上講，「胯」由骶髂關節、髖關節、髖骨與脊柱的韌帶聯合、恥骨聯合、骨盆等部分組成。但是，對沒有足夠的身體運動體驗的人來說，這個定義沒有什麼意義。一般人想訓練胯，最大的難題是感覺不到胯。

　　你可以試一下，體認一下自己的骨盆在哪裏？大部分人能感覺到自己的臀部，大腿上端，模模糊糊有這麼個區域，但是很難有明晰的骨盆的體感。原因我們在本章開頭介紹過，因為胯被周圍的肌肉層層包裹住了。尤其是骨盆活動涉及的腰骶關節和髖關節，這兩個關節早已被臀部和大腿的肌肉鎖得死死的。所以，在練習胯之前，必須先找到胯，要想找到胯，必須先活開髖關節。

　　髖，就是骨盆和股骨的大轉子之間的關節。這個關節活開之後，它上方的「大骨盆」（下頁圖畫圈的部位，有沒有覺得它有點像肩胛骨？實際上它的作用就相當於下盤的肩胛骨）那一大塊區域才能相對獨立出來。

　　真真正正體會到這裏，鬆開這裏，下一步才能談到

「胯」。

　　內家功裏鍛鍊髖的
功法叫作「擺髖法」，
具體動作如下：

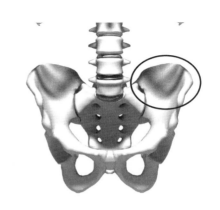

　　下圖是一位國外的
啞劇演員在指導他人進
行形體訓練。我們的動
作與此類似。

骨盆平移（左）和非平移（右）在形體上產生的差異

注意，左邊是老師，他的身體明顯比右邊的學生更加放鬆、結構更加穩定，尤其是髖關節，更顯得如坐在凳子上一般「舒適得力」。

學生顯然是初次體會到骨盆移動帶動身體的感覺，滿臉的無所適從。他的腹股溝肌肉非常緊張，所以髖關節表現出一種直愣愣地往上挺的感覺。兩肩也一高一低，顯示出他的脊椎是傾斜的。

（1）平行步站立，兩腳略寬於肩。

（2）兩手在小腹前，手心向下，好像按著水裏漂著的一塊木板。就如圖中那位老師的右手，兩個手都擺成那樣就可以了。

擺髖

為什麼說要按著「漂在水裏」的木板，而不是欄杆或者桌子這種實體支撐物呢？就是要保證肩頸鬆下來的肌群不重犯拙力。如果想像手底下按的是實體，肩膀和手臂上的肌肉就會本能地使力，想把上半身撐起來，這樣又變成軀幹的膈膜以上部分緊張用力了。如此，後面腰胯所做的動作就和上半身脫節了。

相反，想像手下按著的只是塊漂板，上肢就不敢真把力給用實了，也就是藉著漂板保持一下平衡，這樣軀幹還是一個整體，主要還是腰胯在動。

（3）輕輕扶著這塊木板，放鬆一下腰，感覺尾閭（尾椎骨）像個鉛錘一樣，垂直於地面。順著這個感覺，找一下自己的重心垂線與地面的交點，應該是在兩腳之間連線的中點處。

設左腳為 A，右腳為 E，中點為 C。然後在 AC 之間

再取一個中點，設為 B；在 CE 之間取一個中點，設為 D。這樣我們就把兩腳之間的距離分為了四段。

（4）好，這時候先儘量體會一下自己的骨盆的「質感」。一般鬆腰、鬆尾閭之後，骨盆多少都會有點微微下沉的感覺。身體內感知敏銳的人，甚至能感到骨盆的大致形狀，有點像古代的大元寶。

先向左平移骨盆，讓重心垂線，移到 B 點，體會由左腿支撐起軀幹的重量，右腿完全不受力，完全鬆開，可以自由抬起（別真抬）。上身隨動，不要主動用力，也不要歪斜。

（5）然後向右平移骨盆，讓重心垂線回到 C 點，定一下。再體會一下「腰椎放鬆—尾閭鬆墜—骨盆下沉」的感覺。

（6）再向右平移骨盆，移到 D 點，體會由右腿支撐起軀幹的重量，這次輪到左腿完全不受力，完全放鬆了。再向左平移。如此反覆。動作要慢、要穩，一般左右做各 50 次即可。

這樣做久了，就能逐漸體會到髖關節（即骨盆和大轉子骨）之間，有一種錯開的感覺。

擺髖圖一：手彷彿按在一塊漂在水中的木板上，身體才能比較好地整體放鬆

　　然後你會有一種全新的體驗，就是臀部肌肉、大腿肌肉會放鬆了！對一般人而言，平時這兩個部位的肌肉總是收緊的，即使是坐臥狀態下，也很難徹底放鬆。

　　臀部肌肉和大腿肌肉真正放鬆之後，髖關節才會徹底打開，胯部的運動才會圓轉如意。

　　到最後，會感覺到骨盆像個大鐘擺，在兩腿形成的支架之間擺來擺去，這時運動軌跡會自然從純橫向平移，變為走下弧線的擺盪。

　　這個擺動，是由整個軀幹完成的。軀幹的重量約占人體體重的百分之七十，所以這種擺動產生的力量是非常大的。這也是內家拳運動的主要力量來源之一。

擺髖圖二：由脊柱和兩腿做定點，將兩腳之間的距離分為四段。初始狀態，脊柱垂直於C點

擺髖圖三：向左平移骨盆，讓重心垂線移動到B點。這時，脊柱垂直
　　　　　於B點。

擺髖圖四：向右移動骨盆，讓重心垂線移動到C點，回到初始態

擺髖圖五：向右移動骨盆，讓重心垂線移動到D點。這時，脊柱垂直
　　　　於D點

擺髖圖六：向左平移骨盆，讓重心垂線移動到C點，回到初始態。這
　　　　樣就完成了一組擺髖動作

　　這裏要提醒大家注意一點，左右擺髖之間，中間那個「定一下」，非常非常重要！

　　看過太極拳譜的朋友應該知道，太極五步「進退顧盼定」。楊露禪宗師留給後人的八字真言，就是「**站住中定，往開裏打**」。

　　很多太極練習者，知道前進、後退、左顧、右盼，做起動作來也非常流暢，唯獨體現不出「定」來。這就是只練拳（動作），不練功的後果。大家可以看看太極宗師陳發科老先生的拳架。

陳發科老先生的拳架，骨盆沉實，中定態的標準示範

陳發科老先生演示的骨盆橫移後帶動身體發勁的狀態，骨盆依然沉實

　　左圖就是垂線移到 C 點時的狀態，大家看老先生的間架，是不是有一種重如山岳的感覺，尤其是骨盆部位，如同有一個實心球體嵌在一個基座裏，非常穩。

　　右圖，就是向右擺髖移胯，帶動身體整體發勁的狀態。大家留意老先生右側的半個骨盆，是不是好像和兩手一起，三點抱住一個球，正在用這個球去打擊右側的假想

敵？

　　大家再對比現代人做的拳架，骨盆那個區域，完全沒有鬆沉穩定之感。雖然架子也拉得很大，但是髖關節卻是「收縮」的，給人一種下盤發飄的感覺。

現代人的太極拳姿勢，即使架子擺得再大，骨盆沒練到，也出不來穩定沉實的感覺

　　這個「中定態」是骨盆運動的元初狀態，找準這個狀態，以後練胯時骨盆在做旋轉、升降、擺盪、攪動等各種複雜動作的時候，才有一個根本，不至於將來丹田一發動起來，骨盆隨意亂動，把自己新建立的骨系結構給折騰散了。所以在學習骨盆運動的最初級形式時，就要把這項能力固定在自己身上。

　　這一點非常重要，大家一定不要忽視。

活　胯

活開了髖，才能真正練到胯。過去武林中有「傳拳不傳胯」的說法。一方面是胯在身體運動中占有重要地位，一旦弟子掌握了胯的練法和用法，很多拳術中的「秘訣」就不言自明，師父的重要性就大大下降。另一方面，是胯非常難練難用，其中包含著多個層次的功夫進境，一般人難以理解其中奧妙，或者沒有耐性慢慢地去琢磨體認，師父也就不在這種人身上下功夫了。

胯的鍛鍊方法大致可以分為兩個層次。

第一層次是訓練骨盆作為一個整體運動。具體運動形式包括提胯、坐胯、轉胯、旋胯等。這個階段，骨盆歸屬於軀幹部位，和脊椎組合在一起，構成了軀幹區域的主幹支撐結構。

這種鍛鍊主要是為了修練內家的「身型」，身型定住了，才能訓練整體的身法移動和軀幹發力。

第二層次是在第一層次基礎之上，訓練兩胯左右分動。這時候尾椎兩側的骶髂關節要能微微打開一線，骨盆隨之分為左中右三部分。這個階段，尾椎屬於脊椎，成為軀幹部位的主軸。兩個髖骨則分屬於兩腿，成為腿部的

「第四節」。三者之間，可分、可合。練到這個程度，內家拳中一些關於胯的細膩技法，如錯胯、裹胯、崩胯、勒胯、攪胯等，才有操作的真實基礎。

本書主要是普及內家武學的基礎理論，所以僅選取第一層次的一項典型功法作為例證。這項功法叫作「迎風振翼」，取自趙道新先生的心會掌六十四式。剔除這一式的技擊涵義，這個動作主要是鍛鍊「骨盆」的上下運動。

該項功法必須有鬆靜樁的基礎，練習者要對骨盆有初步的體感後，方可行功，否則就流於一般的蹲起訓練了。具體動作如下：

🍃 預備式

兩腳分開略寬於肩，膝部微屈，兩臂自然下垂於體側。

想像自己是一隻巨鷹，站在一根粗大的樹枝上。兩腳像鷹爪一樣抓住「樹枝」。這樣下肢會自然出現五趾抓地、湧泉內提的現象。身體從頭到腳上下貫通，形成一個整體。

迎風振翼

活胯預備式。重點還是要注意周身的整體放鬆

活肩脫胛

雙臂緩緩抬起，左右平伸，與肩同高，兩手手心向下。如鷹的翅膀打開，感受山風的吹拂，體會空氣對翅膀的巨大浮力，幾乎將身體托起，從而誘導手部、臂部、肩部、胸部的肌肉、筋腱放鬆舒展。

然後，雙臂微微上下搧動，好像要把肩胛骨連同大臂骨，從身體上卸下來，從而進一步拉開兩肩胛骨與頸椎、胸腔之間的肌腱、筋膜，讓脊椎獲得比較大的自由活動量。

活肩脫胛：雙臂左右平伸。依然要保持身體整體放鬆

說到這可能讀者會感到奇怪，不是說練胯嗎，怎麼又繞回到肩膀的問題了？

前面說過了，咱們周身的筋膜是一個整體，像一件連體緊身衣，包骨襯肉。普通人的肩頸部位的肌肉是習慣性

緊縮的，連帶著這個區域的筋膜也是縮緊的。兩個肩關節與七節頸椎被鎖成一個整塊。頸椎鬆不開，脊椎就沒有上下的活動量。脊椎沒有活動量，骨盆就別想大幅度的運動。所以想活胯，就必須先把肩部關節鬆開，把相關的筋膜解放出來，否則其他地方的經筋和筋膜被這個區域牽連著，也鬆不開。也就是說，如果沒有點「洗胯」的基礎，這個功法還是練不了。

如是活動幾下，肩背就會鬆開一些，脊椎也會隨之鬆活少許，這時骨盆會自然整體下沉。此時要注意保持頭部的端正挺拔，這樣一身骨架才能保證中直，避免出現鬆懈歪斜。

🌊 沉身落胯

當骨盆有鬆沉之感後，順著這種感覺，開始練習後續動作。

讓翅膀（手臂）上揚的幅度加大，軀幹（重點是骨盆）自然會有更強烈的沉降下坐之感。兩者形成一對相反相成的矛盾力。

這時，保持脊椎正直，主動放鬆髖關節，加大鬆腰坐胯的幅度，順著胯部和臀部自然產生的沉墜感，讓身體垂直下蹲。不過這個蹲，不是單純向下，而是要像立定跳遠前做的蓄力動作一樣向下蹲，但是積蓄的是向上的力量。剛開始下蹲的幅度開始不易過大（最大幅度膝彎不低於135°），要讓關節曲折儘量發生在髖關節，千萬不要變成強化膝關節的屈伸。

沉身落胯圖一：雙臂微微上下搧動幾下，體會肩胛骨活開的感覺，同時體會骨盆的鬆沉感

沉身落胯圖二：當肩胛活動起來的感覺出現了，骨盆也有鬆沉感後，就可以加上身體下蹲的動作，動作幅度也可大些

🍃 長身提胯

　　下蹲蓄勢，勁力飽滿之後，立即順著反彈之勢，轉為長身。注意，這是借身勢的騰起提拉骨盆，而不是靠腿部的蹬力把骨盆支起來。

　　身體向上騰起時，雙掌、雙臂會自然下按助勁，如同翅膀向下搧風一樣。身手之間形成一種協調配合，手臂自己不能主動加勁，這樣就能保證肩部、胸部的肌肉最大限度地放鬆，反之則又會僵緊。

　　身體上升時，還要注意兩腳仍然需要像鷹爪一樣抓著樹枝，這樣重心雖然上升了，但五趾依然可以保持抓地之意。如此頭頂和足底之間便會形成彈簧兩端的對拔之力，踝關節、膝關節、髖關節、脊椎各節均會有上下拉開之感。兩腿後面的大筋、脊椎兩側的大筋也會得到縱向的伸

拔，為練習下一步功法打下基礎。

　　身體上升到最高位置時，就自然轉為下蹲。身體下蹲時，雙臂上揚，身體上升時，雙臂下按，如此反覆，形成連續不斷的彈性動作，就像雄鷹振翅欲飛一般。注意不要

長身提胯圖一：身體下蹲，手臂上揚，身手反襯

長身提胯圖二：身體蹲到一定程度，會自然產生一股彈動，借這個彈動起身。切莫主動用力。身落手落，身手之間形成一種協調

參考雄鷹振翅的姿態，身體和手臂如同翅膀搧動一樣鼓盪起來就做對了

做成一動一停的分節動作。

在此過程中需注意以下幾點：

（1）儘量保持背部的平直，直上直下，不要彎腰、駝背，做到「**背正而平**」。開始如果做不到完全垂直起落，可以以骨盆的恥骨橫線為軸，讓身體整體略前傾，但是要儘量保持脊椎的整體聯貫，不要打彎弓背。

（2）儘量保持胸部肌肉的放鬆，胸廓要打開，內部松空透氣，不要挺胸、窩胸、憋氣。兩背膀和兩胸的肌腱筋膜要同步向兩側擴張伸展，但背部陽面筋膜始終包裹著胸部陰面筋膜，這叫「**胸出而閉**」。

（3）儘量保持小腿脛骨直立，體重均勻地分佈在腳全掌上，腳趾要黏住地面，腳跟不離地，足心湧泉穴的位置要微微空涵，做到「**足堅而穩**」。

（4）兩膝左右外撐，並有上提之力，這個階段不要求合膝內夾，讓膝部的肌腱也舒張開，做到「**膝屈而伸**」。

（5）髖關節要鬆開，從兩腹股溝深處向左右橫向打開，好像要給下落的骨盆讓出一條通道一樣，小腹要放鬆飽滿，像一個圓球一樣慢慢沉入兩髖之間，做到「**襠深而藏**」。

（6）由於身手之間不停地做相反的起落運動，可以充分拉伸肩關節和腋下的肋間筋膜，做到「**肋平而張**」。此時配合呼吸，可以增大肺部進氣量，確保身體始終在進行有氧運動。一般是身落手起時吸氣，身起手落時呼氣，但是不必強求，自己怎麼舒服怎麼來。

活　腰

　　肩胯鬆開之後，才能開始鍛鍊「腰」。

　　要鍛鍊腰，首先要找到腰。要找到腰，首先得體會到腰椎。

　　從解剖和運動生理學角度來看，脊椎二十四節構成了人體這個房屋的「大樑」，總轄著人體的所有運動功能。

　　其中，腰椎有五節、頸椎七節、胸椎十二節。

　　頸椎七節，雖然轉動靈活，活動範圍較廣，但它主要起到轉動頭顱的作用，對軀幹調整的影響不大。

　　胸椎十二節同肋骨連結組成了胸廓，活動範圍也大大受限。

　　唯有腰椎，雖然只有五節，卻是軀幹之中節，脊椎之樞紐，上接胸肋，下連臀胯，承上啟下，在軀幹的運動變轉中作用最大。腰活，則脊椎上下皆通，運動無礙。腰僵，則軀體想要完成一個簡單動作也難以自如。

　　腰，是指以腰椎為核心，膈膜以下、骨盆以上，位於人體中節的這個立體區域。在這個區域內，前為丹田、後有命門、左右為兩腎、周匝為帶脈。

　　依照中醫理論來講，這裏可以說是人體（生命）動力

系統的主動力源所在。

傳統武術秉承中醫醫理，把腰作為人身之「主宰」，拳勢動作、虛實轉換、內氣蓄發、勁力傳導，都依賴腰部作為「樞紐」。甚至專門有一種「小小周天」的功法，即丹田、命門、會陰構成一個能量循環的閉合回路，調動腰部的力量，是內家初級整體勁力的源泉。

一言以蔽之，「腰」是樞紐中的樞紐，關鍵中的關鍵。

但是，如果讓你在身上找到「腰」的具體位置，你會發現，它並不好準確定位。一般人，就算用手去摸，也很難找準，手高了，摸到的是肋或背，摸低了，直接就是臀部。

為什麼會這樣呢？

前文解釋過了，經過幾十萬年的進化，今天普通人的「腰」早就被鎖死了。大家可以自行體會一下，或者觀察一下周圍人。要想動腰，得靠其他部位的肌肉來牽引。

如果對普通人說「立正、把腰挺直了」！他一般做出來的動作是梗脖、挺胸、收腹。

要是一個人在拖、搬重東西，你對他說「東西挺沉，你得用上腰勁」！他會做一個向後弓背或者下蹲翹臀的動作。

即使是沒有負重情況下，你讓普通人做一個隨意的轉身，他也是先轉頭，再動身體，即經由頸椎轉動來帶動腰椎的。

在健身活動中，經常有人在沒有正確指導下，貿然間

去做腰部動作，傷到腰。因為腰肌的收縮和放鬆是與腹部肌肉配合聯動的。但是腹部更主動，而腰部相對被動，兩組肌群內的神經，對肌纖維鬆緊的力度、頻度的感知與控制有個反應差，稍有不慎，腰肌就會被拉傷。訓練量過大時，還容易勞損。

總體來說，普通人在日常生活中所做的「動腰」，其實是靠軀幹的上半部（胸廓部位，尤其是「大椎穴」所在的一圈）或下半部（腹腔和骨盆）的扭動或擺動所帶動的。要想清晰、準確地感覺到自己的腰，很難。就像俄羅斯套娃，整體看，似乎中段應該有個屬於腰的區域，但是一拆分，只有上半截、下半截。普通人要明顯感覺到腰，除非遇到一種極特殊的情況，就是閃了腰。在那種劇痛刺激下，人會特別明顯地感受到腰部和其他部位的分區。

那麼，「腰」究竟該如何鍛鍊呢？

本節的「活腰功」，就是解決這一問題，具體包含以下幾個步驟。

🍃 第一步，感知到「腰」

對於普通人來說，必須先建立對腰部的骨、筋、肉的清晰的體感，然後才能進行針對性的訓練。否則，可能忙活了一通，鍛鍊的又是其他部位的肌肉。

操作方法很簡單，首選還是鬆靜椿，先把禁錮腰部的那些肌肉放鬆下來。具體的功法會在第八章做細緻的講解。

在站椿的前後，還可以輔以簡單的動功。這裏介紹三個動作。

1. 前下腰

前下腰功法每回做 3~6 次，每次彎腰儘量保持 3 次呼吸以上。注意手臂及頭部向下鬆垂，懸掛在空中，也不用強迫自己雙手摸地或摸腳面，那樣反而會引起腰部肌肉不必要的緊張。必須儘量放鬆肌肉，這樣可以利用手臂和頭部的重量，自然拉伸背部及腰部的筋腱和肌肉。

前下腰

前下腰：儘量做到指尖觸地。但不要用力去做，放鬆著去舒展身體就可以了。如果一開始做不到指尖觸地，那麼在做到極限位置時，盡自己所能多舒展一下身體，再往下伸展幾下就可以了

2. 大、小繞環

小繞環是兩腿略微分開，兩手叉在後腰部，以腰為軸心，繞圈轉動臀胯部。動作幅度小，難度低，適合中老年人和體質較差的人群。

大繞環

大繞環是兩腿分開，略寬於肩。身體先前屈向下，兩臂鬆垂，使手儘量接近地面。然後以腰為軸心，繞圈轉動整個身體。先向左，再向後，儘量使仰身的

幅度大一點，再向右，最後回到原位置。整個動作，好像用脊椎為鏈，頭為錘，甩了一圈鏈球。這個動作幅度較大，比較吃力，適合年輕體健的朋友。

腰部繞環動作一定要緩慢、柔和，先往左邊轉，再往右邊轉。左右各 30 個，動作幅度儘量大一點，使腰椎區域的關節韌帶和肌肉都能活動拉伸到。

大繞環圖一：起勢自然放鬆站立，兩腿自然分開，略比肩寬

大繞環圖二：身體放鬆，自然前俯，兩臂鬆垂，接近地面

大繞環圖三：以腰為軸心，好像要把整個身體涮起來那樣，放鬆地向左轉動身體

大繞環圖四：從左繼續向右轉動身體。這一步難一些。主要是因為身體後仰時，腰部更不敢放鬆，要有意識地再轉一下腰，有使雙手觸及地面的意識，儘量再向後向下伸展一些

大繞環圖五：再從後向右轉，繼續放鬆身體，儘量使手接近地面，不可有精神上的懈怠，動作要儘量做圓滿，使身體儘量走一個比較完整的圓圈軌跡

3. 左右轉體

平行站立，雙腳與肩同寬，兩臂平伸或屈肘平端於胸前，保持兩腿不動，身體向後轉動，左右各轉 30 次，儘量轉得幅度大一點，把腰側的斜向筋拉開。

左右轉體

這三個動作雖然看似平平無奇，但是可以拉伸腰椎周圍的肌肉和韌帶，配合鬆靜樁，可以更高效地把包裹腰椎的肌肉鬆開來。

左右轉體圖一：預備式，兩手臂平伸於體前，兩腳自然分開，略寬於肩。全身自然放鬆	左右轉體圖二：向左右轉體，包括伸腰椎周圍的肌肉和韌帶	左右轉體圖三：再繼續向右後轉體，這樣一左一右轉動練習

🌀 第二步，舒展脊椎（重點訓練腰椎）

脊柱蛹動

初步對腰椎五節有所感覺後，就可以進入「脊柱蛹動」的練習。

蛹動

蛹動，顧名思義，就是像蟲子幼蟲一樣蠕動，外形動作不大，但是內裏充滿生機活力的那種感覺。

雙腳平行站立，與肩同寬。兩膝微屈，身體正直。兩手高舉過頭，手臂伸直，十指指天，掌心向前。手腳之間對拉幾下，把整個身體上下拉伸舒展開。

　　然後，想像自己是水中的一根水草，腳掌如草根，扎入河底的泥土裏。

　　從腳下開始，整個身體慢慢隨著波浪擺動，順序是腳踝、小腿脛骨、膝蓋、大腿骨、尾椎骨、骨盆、腰椎、胸椎、頸椎、肩胛骨、大臂骨、小臂骨、手腕、手掌、手指。

　　其實，脊柱蛹動，原本是指從尾椎到頸椎之間的這一區域做波浪運動。但是對於普通人來說，這個區域的骨節相對僵硬，肌纖維短粗，就像一段生鏽的鐵鏈，一上來很難將動做作得靈活到位。

　　很多人是胸椎、頸椎動的多，而腰椎、尾椎沒有足夠的活動量。所以內家拳的前輩給提供了一個方便法門。就

蛹動圖一：預備式，全身放鬆，可以有意識地抖動幾下身體，來幫助放鬆，同時為蛹動動作預熱

蛹動圖二：雙手向上舉起，手指指向天空，上下拉伸一下身體，做好蛹動動作的準備

蛹動圖三：從腳跟開始擺動身體，身體的波動沿著脊柱上傳，一直到手和頭

蛹動圖四：蛹動過程中，想像自己如同一根水草，隨著水流來回擺動身體，身體越來越放鬆

蛹動圖五：在蛹動的過程中，身體越來越放鬆，注意不可忽略掉上下方向的抻拉感，這是蛹動動作能鬆開腰椎的關鍵要點

蛹動圖六：在保證上下方向的抻拉的前提下，前後擺動的幅度可以儘量大一些。效果會更好

是高舉雙手，加大身體延展的幅度，然後從腳到手做波浪運動。就像做幾何題時，畫輔助線一樣，把要鍛鍊的腰部這一段給人為延長。

　　手和腳是普通人身體中最靈活、最可控的部位，它們位居一頭一尾，引導全身進入這個波浪運動的大勢。脊椎是在自身很放鬆的情況下隨著整個身體的波動在動，這樣就能確保每一節都隨上這個節律。

　　同時，在身體的較大擺盪動勢中，將相關關節韌帶和附屬肌群鬆開，伸長。

　　這個動作，每次做 3~5 分鐘即可。即使不練拳，把它當作健身功法，也是效果極好的。

第三步，轉腰椎

轉腰功

關於轉腰椎的功法，我的八卦掌老師在傳授我功夫之前，曾經給我打了一個比方。這裏分享給大家。

記得當時，他取了一根草莖，說：「你看，這個圓柱形一體的草莖就好比我們的身體，上下一體，沒折沒節，對吧？腰，就淹沒在這個一體之中了。這時要找到『腰』，怎麼辦呢？」說著，他兩手抓住草莖的上下兩頭，一擰，草莖的中段就裂開了、『鬆』開了。「喏，這個裂開的部位就是『腰』。」

「腰」的核心是五節腰椎。腰椎，是人體向各個方向轉動的樞紐。如果我們現在還在叢林野地跟其他動物爭奪生存空間，身軀的瞬間扭轉變向能力，就是我們每天獵食或逃生的根本。

限制和削弱了我們腰椎大幅轉動能力的，是人類進化後形成的社會生活、日常勞作。反過來推導，抓住「轉動」這個腰部的天賦本能，一點點進行激活、鍛鍊、強化，我們就能找到和重新掌控我們的腰！

轉腰功的正式動作如下：

先找一面牆，後背對牆站好，身體與牆壁保持大約半臂距離。剛開始這個距離就可以，應該可以輕鬆完成後續動作。以後功夫長了，自己再調整，離牆越近越好。

兩腳分開，與肩同寬（比肩略寬也可以），腳尖朝前（微微外八也可以），雙膝微彎曲即可。然後雙手抬起，

轉腰椎起勢。注意身體自然放鬆，尤其腰部不能緊張

轉腰椎向右轉。一般人轉身的幅度到這個程度即可，有餘力可再多轉一點

轉腰椎再向左轉。圖示是轉到極限的程度，一般人開始可以不轉到這個程度

大概比肩部略低，比胃部略高這個高度就可以。雙手環抱，掌心朝外（即手背對著自己胸部），指尖相對，大拇指朝下。兩肘向左右兩側橫撐。這個形態，形意叫「虎撐子」，八卦叫「抱月掌」，目的是為了鎖住上肢的各個關節，不讓手臂三節主動做動作。

在這個基礎上，注意，胯部不要有任何動作，儘可能保持朝向前方不動，僅僅靠腰部轉動，讓自己上半身轉到朝向牆壁的程度。自己環抱成型的雙手，一定不要有任何主動的動作，就保持懷中抱球的形狀不變，僅僅是被動的，由轉動的腰軸帶著，隨著上半身轉向後方，然後用雙掌掌心接觸一下牆壁即可。然後轉回身，上半身再度回到腳尖朝向的方向。

先向左轉，再向右轉。一定要放鬆去做，不要用死勁、犟勁。越放鬆越好，動作慢一點，不要著急。不用追求一下子轉到位，循序漸進。

轉腰功的訓練量要根據自己身體的承受能力來把握，寧可不及，不要過量，要留有餘地。一般剛開始是每邊三個，然後就下來休息，做做熱身動作放鬆一下，然後再上去做三個。這麼做三組就可以了。如果腰部沒有不適感，第二天可

轉腰功來自八卦掌的功法。八卦掌的抱月掌可以視為在走轉中練習的轉腰功

以增加到每邊六個。重要的是堅持每天練，逐漸增加數量，千萬別突擊強化。

動作幅度剛開始也不宜過大，以牆為表盤，自己的手臂為指針。開始有一隻手能接觸到牆壁，就可以。逐漸加大幅度。能做到兩隻手的手心，很輕鬆地摸到牆，胸部不憋氣，腰筋不疼痛，就算達標。要提高難度，就站的位置離牆近一點，越近難度越大。

這個功法，在傳統武術中，其實就是八卦掌轉掌中的一式。身體健康的人才能練。一天久坐或者久站的，練一練，可以緩解疲勞，強腰固腎。因為這個功法是放鬆肌肉、拉伸肌腱的，不是縮緊肌肉練的。

但是，請注意！有腰椎病的人千萬別練這個功法，尤

其是椎間盤突出和脫出的，因為其腰椎五節本來就有問題，再做這麼大幅度的扭曲，會損傷得更厲害。只能施行站鬆靜樁，先讓腰椎復原，再強化，然後才能練一些柔和的動功。切記！

最後說個練功小秘訣，當轉腰做到極限程度以後，不要努力強行加大幅度，也別急著轉回來，在那個位置，放鬆身體，然後略微抖一抖，或者顫一顫。這時你會發現，肌肉的緊張程度會略有緩解，自己又能多轉一點點。然後轉回來，轉到另一邊極限，再用這個方法調一調，又可以多做一點點。大家別小看這個要領，這是內家拳筋骨訓練中的「**揉筋秘法**」。

內家拳裏，有一些筋骨擰轉幅度很大的高難度動作，硬性追求一步到位會導致努力努氣，傷及筋骨。這麼微調著做，可以有效減輕身體負擔，逐步突破關節韌帶的伸展極限，大幅提高練功效率。

以上介紹的「**樞紐解鎖**」動作都是比較簡單，沒有什麼特別難的。所以結尾的時候，重點要強調一下訓練的標準。標準不明，這些動作就流於「健身操」層次了。

第一，要保證足夠的訓練量。

練習內家功首先是要改變自身的後天運動習慣。開始肯定會非常不適應。所以建議初學者，先抱著熟悉動作的心態練習，別思考、別懷疑、別推理，不管三七二十一，先動起來再說，練了就比不練強。這是克服抗拒心理和身體惰性的不二法門。

比如「洗膀」這個動作，一組做足 36 個，爭取每天

做上 3~5 組。這樣，很快就會有收穫。至少練習者可以把肩頭的圈畫圓了，這就是一個進步。不要糾結於「肩頭是畫整圓還是半圓、橢圓」「胳膊動了怎麼辦」「脊椎跟著動了怎麼辦啊」這類問題。這是第一步達標，可以稱為「習熟」。

第二，活化關節才是我們的目的。

大家練習這些功法的時候，不要糾結於動作對不對。

放心吧，肯定不對。

一個習慣了肌肉緊張用力的普通人，一開始肯定是把握不到內家拳所要的「鬆」的。

但是，沒關係，體育課都上過吧？熱身運動都做過吧？做完熱身運動，身體會感覺比熱身之前靈活一些，這個感覺大家總有吧？

所以，對於本節介紹的所有活身的動作，你不要把它們當作正式的體育運動動作，比如打球、跳遠，不是這些。你就把它們都當作熱身動作。熱身，就是準備活動，放鬆了掄掄甩甩，悠悠蕩蕩，心態放鬆，身體就不緊張，越活動，越靈活。

「活」對普通人而言，已經是比較趨近於內家功要求的「鬆」的一種狀態了。每次練完功，能覺得肩、胯、腰，這些區域比練功之前靈活了，活動量大了，血脈更舒暢了。這是第二步達標，可以稱之為「練活」。

第三，引導身體從內部鬆開！

注意，是鬆「開」，而不是鬆「下」來！一般人一放鬆就是鬆「下」來。這種狀態就是前文所介紹的「懈」，

也就是結構垮了、散了的意思。

　　開，是在保持結構不散的前提下，關節處於一種舒展、充實、膨脹的感覺。在練功過程中，隨著不斷的動作，體會到目標區域舒展開，氣血充盈於你的骨縫、筋膜之間，把關節和筋膜之間的間隙一點點撐大，形成一種內在的、飽滿的張力感。

　　建議大家去看看記錄花朵開放的影片，那種從一個緊緊包裹的蓓蕾，一點點、一層層綻開，最終成為一朵怒放的鮮花。那個過程、那種感覺、那份生機，就是「開」。

　　這是第三步達標，可以稱之為「練鬆」。要理解這種狀態，必須結合著第四章「呼吸法」的內容進行體認。樁功為靜，活身法為動；呼吸法為內，活身法為外，這樣動靜、內外結合著練習，才能完整地把握內家拳功法的訓練意圖，達到整體鍛鍊的效果。

　　這三點要求，也不是要求大家一步到位，慢慢來，只要保證每天的訓練量，日積月累，身體的結構發生改變，自然可以顯現出相應的訓練效果。

第六章

內動法

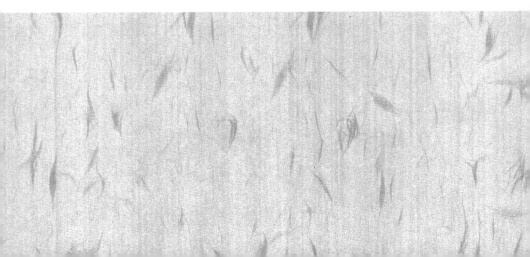

　　內家拳的最大特色和優勢是內勁，但是現在很多人否認內勁的存在，甚至有些內家拳的正式傳承者，自己也不敢相信、承認有所謂的「內勁」。的確，有些人鑽研了十幾年、甚至幾十年的內家拳法，單式、套路、功法學了不知多少，但是並沒有獲得「內勁」。究其原因，就是他們所練習的拳術動作中的「核心」丟了。

　　這個核心，就是「內動」。內動掌握了，內勁自然就出來了。所以內家拳多有「母拳」「母勢」之說。所謂「母拳」，其實就是含藏著這一門拳法的主要內動模式的經典拳式。比如形意拳的內動，主要體現在「鷹熊合演」一式中。但是為了保密，前輩又將其藏入了看起來比較平凡的劈拳之中，所以才有「劈拳為母」的說法。抓住母拳，練成內動，生成內勁，才能做到在某一種內家拳範疇內「一通百通」。

第一節

什麼是內動

內動，就是內家拳練習者的「內型」之動。

內型，就是內家拳練習者透過內家功法修練，調整自身筋、骨、肉、膜，從而獲得的一種新結構（也就是前文所說的，完成人體改造）。

打個比方，一台發動機，裏面活塞、傳動桿的運動，在外面看不到，就是內動。人體也是一樣，脊椎、骨盆、肋板、肩胛以及它們彼此聯繫的肌腱和筋膜，也建立一種類似發動機的結構，在表層皮肉構成的「皮囊」裏面運動，產生力量沿著筋骨鏈條傳導（傳統叫「勁路」）到作用點。這就叫內動。

曾有人讚歎武林先賢王薌齋老先生，說他的功夫「內裏的骨節運行，如鐘錶的齒輪咬合一樣，精準到毫釐」，可以說是一種對「內動」很形象的比喻。

而內動產生的力量，就是「內勁」。

李小龍所表演的「寸勁拳」，用的就是肩胛內動產生的力量，可以算是常人比較容易理解的一種「內勁」的直觀表現形式。

通背拳有更進一步的應用形式，叫作「沾衣發勁」，就是以腕關節的內動為引，隔著一層薄衣的距離催發腰脊之勁。

難度再提高，叫「按實始吐力」，就是手掌被對方的身體頂實後，用丹田發整勁兒，但是可惜這種功夫現在確實是不多見了。

當然，內勁的種類和效果是多種多樣的，打擊力只是表現形式之一。由於本書並不打算系統闡述內家拳技擊方面的內容，所以就不做詳細羅列了。

內動時，身體的動作幅度極小，所以內勁的產生、傳導和作用，不易為對手察覺，往往感覺到的時候，已被勁力所控制。這在實戰中，特別是近身格鬥中，常能發揮奇效。

一般的搏擊術，勁力的釋放多需要較大幅度的揮拳、踢腿動作，甚至伴隨著身體的劇烈搖擺，乃至縱躍。與之相反，形意、八卦、太極等拳法，外形動作通常比較質樸，就是因為它們主要以內勁克敵制勝，這也是它們被稱為「內家拳」的原因之一。

可能有些朋友會提出疑問，從拳式來看，形意八卦太極，不也表現為各種打拳踢腿的動作嗎？哪裏表現出了「內動」呢？

要理解這個問題，先要區別開身體上的「內」和「外」。

大家不妨想一下，其實內家拳手和普通人的生理組成是一樣的，並沒有比普通人多長出一塊骨頭，一組肌肉。而且，普通人也是可以做到扭肩膀、擰身子、晃屁股。扭肩膀，肩胛要動；擰身子，脊椎要動；晃屁股，骨盆也會動。

難道這些動作也是「內動」嗎？顯然不是。如果這都算內動，那滿大街的，但凡是個人就算內家拳手了，大家還何必辛苦練拳呢？

內家拳中，脊椎、骨盆、肩胛，肋骨的組合以及運動形式，是有特殊的規範要領的，亂動不是內動。正如不是能寫字的就叫會書法，也不是會走路的就算懂競走。內家拳手與普通人相比較，雖然構成身體的零件一樣，但是排列組合的順序大不相同。

我們先把人體的「內、外」簡單分類一下：

如果把軀幹視作「內」，那麼，手臂和雙腿算是「外」。

如果把脊椎視作「內」，那麼，兩肩、兩胯、胸廓（肋骨籠）算是「外」。

如果把周身骨骼視作「內」，那麼，通體的皮肉就算是「外」。

　　如果把體腔內膜視作「內」，那麼，這一身的皮肉骨都算是「外。」

　　如果把經絡氣血視作「內」，那麼，皮肉筋骨膜都算是「外」。

　　如果把人體中軸（從頭頂百會穴到胯下會陰穴的連線）視作「內」，那麼，練習者有形有質的肉身，全得算作「外」。

　　以此為參照系，我們可以先觀察一下普通人的運動形式：

　　（1）就全身而言，普通人的手臂和雙腿運動幅度最大、動作最靈活。軀幹部位的運動相對較差。

　　（2）就軀幹而言，肩、胯的靈活性相對好一點，而脊椎要活動一下，就很受拘束了。如果再要求肩胯不動，只動脊椎，相信一般人都反應不過來該怎麼做。

　　（3）再向細微處觀照，可以發現，普通人的皮、肉、骨、筋、膜，基本是糾纏粘連在一起的，很難分開。

　　（4）一身之中軸，普通人根本沒有這個概念，更別提用它運動了。

　　一言以蔽之，普通人運動的發動機，裝載在四肢部位。軀幹表層的肌肉有一定的運動能力，但靈活性和動作幅度都相對較差。而軀幹內部幾乎沒有什麼主動運動的能力，要靠外部肢體的運動牽引，身體內部的骨節筋肉才能得到運動和鍛鍊。

　　與之相比較，內家拳手恰恰是反過來的。

1. 內家拳手的皮、肉、筋、骨、膜，可以相對滑脫分開

這種功夫表現，傳統的說法叫「骨動肉不拘」「骨肉分離」。對於自己的筋骨皮肉，修練者可以想讓哪裏運動，哪裏就能運動；讓哪裏靜止，哪裏就能靜止。各部位可以配合聯動，而互不干擾束縛。

這種功夫有個直觀的驗證方法，體驗者可以用力攥住內家拳手的小臂，然後體會其小臂的尺橈二骨在肌肉層中像傳動軸一樣轉動，而表層皮肉基本不動。

2. 內家拳手的骨架是一種比較穩固的間架支撐結構

很多人一提間架結構就容易想起一個焊死的鐵架子。這絕對是一個大誤解。內家拳的間架穩固，是因其內部有若干幾何形狀的骨架結構榫卯聯結支撐起來，所以在運動中依然能夠保持足夠的靈活性。

大家可以參考一下變形金剛玩具，機器人的胳膊、腿、腰、頭部，都是可以屈伸旋轉的，甚至還可以摺疊變成汽車或飛機，但是無論怎麼運動，機器人本身的結構始終沒有崩散，只是形態改變了而已。

3. 內家拳手身上的大關節的運動非常靈活

內家拳手體內的球狀和半球狀關節，都表現為一種圜研模式。

圜，就是環狀旋轉，說白了就是骨節畫圓圈，這個不難理解。

研，是在「圜」的基礎上增加了力道。研的運動形態，大概就像研磨那樣，兩個骨節像墨塊和硯台一般，頂

在一起做摩擦轉環運動。兩者的接觸面頂得很緊，整體結構不易破壞，但是又沒有完全鎖死，可以產生相對運動，從而實現「內力」的穩定傳導。這個和普通人運動時，要保持結構穩固就得鎖死關節，要發力就得斷開關節的模式不同。內家拳歌訣中有一句「肩胯若機輪」，可以說是對這種圜研模式的形象描述。

4. 內家拳手四肢動的少，軀幹動的多，而且軀幹運動有一個總動力源——丹田

全身的運動，哪怕是一個指頭或腳趾的運動，都是由丹田運轉牽引的。關於「丹田」的概念，前面的章節裏介紹過了，這裏再強調一下。武術中的「丹田」是借用了丹道修行的術語，來指代內家拳手的腰腹部動力核心。這其實是兩個概念。

丹道的丹田，指的是結丹之地，主要指體內的空竅。而內家拳的丹田，是橫膈膜以下，會陰以上，所有的筋、骨、膜、肉經過樁功調（內）型之後，重塑而成的一個內動中樞。所以，大家在初學內家拳的時候，聽到「氣沉丹田、丹田鼓盪、丹田內轉」等內容時，先不要聯想到丹道的「炁」上去。你就老老實實研究體會腰腹部的筋骨內動就行，必有所得。

再有一點需要強調的是，內家拳的丹田是經過正確的樁功鍛鍊之後的產物。

所以，普通人身上，沒有丹田。

有了丹田，內家拳的整體運動，才有了發動機。力量由發動機產生，沿著骨骼和經筋組成的各條動力鏈向肢體

的尖端傳導，這就是內家拳的內動。所以內家拳拳術動作中，雖然也有打拳、踢腿、肘擊、膝撞，但是並不是利用拳、腿、肘、膝上的肌肉來發力，而是快速移動這些攻擊尖端接觸對方身體。真正的打擊力量，是來源於丹田。古代武者缺乏系統的生理解剖和運動力學理論作為支撐，只能從現象上進行一些比較模糊的描述，比如把身體比作樹木，四肢稱為「梢節」，身體軀幹稱為「根節」，要求內家拳手做到「以根催梢」「根動百枝搖」。強調「腰脊為第一主宰，丹田為第一賓輔」，以及「腰催肩、肩催肘、肘催手」等。

5. 內家拳手的內外聯動以「中軸」為總攝

因為內家拳講究整動，每個動作都要涉及全身多個部位，若干組的骨節筋肉的聯動，單純靠某個部位主導，都會破壞整體協調和節奏。必須有一個總機關來統合全身。這個總機關就是「中軸」。

薛顛先生在《象形術》中將中軸的具體運動形式總結為「直中、化中、圓中、虛中、實中」五種。很多人覺得很高妙，但是難以理解。這才是正常現象。普通人連內部真實存在的筋骨感覺都模糊黯淡，更別提「中軸」這種介乎虛實之間的東西了。

本章節主要是談內家訓練的整體概念，對於「中軸」理論，讀者們先有個概念就行，本章節先不必深究，後面的章節會有論述。

雖然內動的運動模式複雜，憑語言文字難以理解，但是內家拳自有方便法門，那就是透過練大槍來體認。實際

上，內家拳內動的基本原理，就是從古代戰場上的大槍術中總結出來的。

所謂大槍，是指桿長 3 米以上的槍。這種槍又長又重又粗，單純靠手臂的力量根本刺不了幾下。所以槍手必須用手臂和上身形成穩固的支架來固定槍身（椿功），由整體間架的小幅度調整來改變槍桿的空間位置和槍尖指向（變架/變勁），最後用腰腹的發力和步法的助力來實施突刺（整體發勁）。所以，各派內家拳，凡是正經有傳承，至今都保留著大槍或桿子的訓練。弟子們實在摸不到拳勁的，多玩玩桿子，慢慢就有所感悟了。

現代人因為生活環境條件所限，越來越難有機會摸到符合標準的大槍和大桿子了，所以光靠看拳譜，盤拳架，很難真正體會到丹田內動傳導到手頭的感覺。

有興趣的朋友，可以找一根大桿子體會一下，或者去健身房用根槓鈴桿（8~10 公斤）比劃比劃拼刺的動作，應該很快就能體驗到那個狀態。

第二節

內動的修練過程

在介紹具體的內動法之前，要專門講解一下內動的修練程序。

很多人練內家拳，總想用外家的訓練思想去「拆解」內家體系，總試圖在某種功法與某項結果之間建立一種簡單的對應關係。比如練劈拳，他們就考慮，這是不是在練掌力啊？崩拳，是不是練拳法啊？八卦轉掌，是不是在練步法啊？太極雲手，是不是在練手臂的纏繞啊？不是這樣的。

咱們在前文反覆說過了。人體是一個整體，五大系統是蘊含在一個大體系中的。任何一種功法，其實都是在同時鍛鍊五大系統，不過是側重點各有不同而已。內動法，是要引導、幫助練習者建立一種全新的整體運動模式。為此，全身的每一個關節、每一組筋腱都需進行改造，以適應新的運動模式。所以，我們不是用舊的身體運動模式去學習一種新的動作姿勢。這一點一定要弄明白。

從理論上來說，應該是：

（1）練習活身法，對普通人日常生活形成的運動模式進行「解構」。

（2）修習樁法，對人體筋骨結構進行「重組」，形成穩固的「內型」。

（3）練習內動法，引導「內型」發動起來。

理論上，是這麼一個邏輯順序，但是在實際的訓練程序中，內動法和站樁功基本是同步進行的。比如形意拳，是站三體式和打五行拳相結合；八卦掌是定式樁和轉掌相結合；意拳是站樁和試力相結合。

為什麼要這樣安排呢？

因為站樁和內動法，其實訓練的目標，都是人體的「內型」，也就是新的人體內部筋骨間架結構。站樁，是在靜態中穩固這個新結構。內動法，是在動態中調試這個新結構。所謂「動靜一如」。

不練內動法，初學者很難理解站樁功中「重組人體筋骨間架結構」的準確涵義。如果把站樁比作裝配一輛汽車，那麼內動法就好比是在裝配過程中，時不時地調試一下已經組裝好的部分，讓各處零件充分磨合。

有些內家拳的愛好者把站樁功當成現代體育的靜力性訓練，或者單純的養生功法，就是在其認知中，缺失了內動法的相關內容。

所以我們特意把「內動法」一章，放在「樁法」之前介紹。這就相當於機械製造中的逆向工程。先讓你看看一台裝配好的汽車是怎麼跑的，能達到哪些指標，然後對照這些參數，去組裝自己的汽車。

練習者可以根據內動法對於人體運動提出的種種特殊要求，大致推斷出樁功中的各項要領是為何而設，從而更

有針對性地練習樁功。正因為如此，本章也會簡要提及一些樁功的知識，大家可以與第八章的內容對照著理解。

內動法的訓練程序大體如下：

第一步，站架

這裏還不能叫「站樁」，至於為什麼，以後解釋。

站架的要求比較簡單，按照前人總結出的調形要領，把練習者的周身骨架搭成一個新結構就行。說白了，就是給骨頭架子擺一個特定的造型，這個特定的造型，能夠保證骨架端正，保證了身體的各個部位各安其位，經絡（人體內的營養和能量輸送管道）通暢，從而使得骨骼得到刺激和營養滋潤。由這種方式，促進骨骼成長、強壯。

骨骼強壯之後，就有資本讓這個架子把經筋和筋膜撐繃起來——這有點像搭帳篷：先搭架子，再蒙篷布。

經筋是長條狀的，筋膜是片狀的，要讓它們舒展伸長（實現「筋長力大，骨重筋靈」的目標），就得各個方向均勻地撐開，要不今後身體發育該不均衡了。所以對於初學者，老師會超級強調「架子」的重要性和正確性。在這個階段，架子只要擺正了，不管練習者腦子裏怎麼懷疑、怎麼否定，只要堅持把架子撐夠時間和訓練量，不走形，日久功深，就必然能鍛鍊到筋和膜。

第二步，開關節

這裏的「開」與「活身法」中強調的「活」不同。要求在保持架子整體結構的前提下，讓每一個骨節都處於撐開的狀態。這樣最先鍛鍊到的，是關節之間的筋膜，如關節囊和聯結兩個骨節的肌腱。關節之間的筋膜一練到位，

骨節就像加裝了一截彈簧，關節運動的靈活性就會顯著提高。尤其是肩胯腰等大關節，運動幅度一增大，軀幹部位上能參與運動的肌群就多了。從應用角度講，這個時候，就算是掄「王八拳」，力量和速度也比以前要高。力量和靈活性雙提高，練習者嘗到了甜頭，再進行後面的訓練，心理上就沒有這麼強的牴觸了。

第三步，建立新的骨系結構

隨著各個關節處的肌腱的強化，以及身體表層筋肉的加強，咱們透過「站架」搭成的那個骨頭架子就會得到全面加固，這時就生成了「間架」。

「間架」一詞最早是建築學上的概念，原指房屋建築的結構。樑與樑之間叫「間」，桁與桁之間叫「架」。後來書法上也有借用這個概念，指漢字的構成。總的來說，

宋氏形意拳「上子午」式的「間架」　　「上子午」式下筋骨結構是怎樣構成「間架」的

就是指怎樣構成一個穩固、堅實、實用的框架結構。

故而，內家拳也借用這個名詞，來指代我們身體經過鍛鍊後，可以實用的筋骨結構。這種筋骨結構的能力和優勢表現，被稱之為「來力不入，去力無阻」——即良好的承重及力量傳導性能。

其實，這種筋骨結構的構成極像傳統中式建築的榫卯結構。良好的榫卯結構，可以保證建築物的穩固和承受極大的重量，這就是「結構效果」的體現。

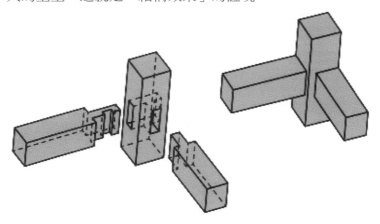

筋骨練開，形成「榫卯相接」式結構後，就會在身體中形成類似結構的效果。這就是內家拳的「間架」概念

在技擊中，有間架的拳手，對上仍是普通人關節運動習慣的對手，是有壓制性優勢的。這一點被詠春拳表現得淋漓盡致。

詠春號稱「近戰無敵」，或者說「手法防禦無懈可擊」，其實不是它的手法編排多麼巧妙，而是它已經建立了一定的間架結構，特別是上盤（胸背到手）的間架結

詠春的「二趾鉗陽馬」，其目的就是搭建詠春拳的間架結構

構。一般拳手的拳法再快、再猛，碰上它也容易吃癟。因為它不是以技術對技術，或是跟對手拚速度拚力量，而是以自身的間架結構去「承受」對手的攻擊。

沒有博擊經驗的朋友可以這麼理解，再精銳的正規軍步兵，碰上依託預設陣地（懸崖峭壁、城牆、壕溝）防禦的對手，哪怕對手是民團、護院那個水準的，只要人家敢開槍還擊，正規軍也得付出相當的代價，還不一定能拿得下來。這種優勢很容易驗證和獲得，所以有的詠春拳館做廣告說「當天學、當天用」。事實也證明，詠春拳在現代博擊界的被接受度確實是很高的。

第四步，內動

也就是本章要重點介紹的內容。內動是要讓「間架」動起來。這個動，不是隨便亂動。內家拳的間架結構是多個幾何結構構成的，具有多面、多向的支撐力。如果還按照一般人的運動模式，非前即後，有左無右，那麼一動起來就會破壞這個結構。相當於好不容易建立了一個堅固的防禦陣地，然後一打起來守軍全衝出壕溝去打野戰了，這

何苦呢？所以，我們要訓練身體建立一種新的運動模式，不僅不會破壞我們辛苦建立起來的整體骨架結構，還可以發揮它的特點和優勢。

　　這就是內家拳「拳架」的作用。古人用字是很講究的，內家拳的拳術動作，不叫打拳，叫盤架，即「盤練骨架」的意思。就是隨時隨地提醒練習者，這種運動形式的訓練目的與一般搏擊術的技術動作是不同的！它不像外家拳術那樣，上來就直接操練大開大合的技擊動作，而是要先培育一種全新的運動模式。

　　對於普通人來說，這種運動模式是前所未有的陌生。所以要鬆、柔、緩、慢、圓、整地「磨」。大家看，這像不像初生的嬰兒在學怎麼動？所以形意譜中有一句「豈知悟得嬰兒玩，打法天下是真形」。

第五步，站樁

　　骨架新結構基本穩定了，內動模式基本熟練了。這時候再回歸到靜態溫養，同時用意識觀照，對其中不到位、不精準、不圓活的地方，進行微調疏通。這時我們雖然外形不動，但是內裏的筋骨膜肉血脈都在做極細微的蠕動。就像一株大樹，從外面看著是紮根大地，一動不動，其實樹幹、樹根在不停地生長、代謝，其中的脈絡導管更是在一刻不停地向全身輸送著營養。這時候，才能真正稱之為「站樁」。

　　開始的站架，與最終的站樁，大概相當於算數和代數之間的關係。

內動體驗法

　　內動法的具體功法形式其實很好講，很好學，就是內家拳最經典的那些動作。難點在與能否真正用「內動」催動。普通人沒見過明師示範，沒有親身實踐，是無法掌握內動的。對於零基礎的讀者來說，如果按照本節的指引，能夠體會到一點內動的感覺，理解一下「內動」與外動之間的區別，已經是很不容易了，所以本節只敢名為「內動體驗法」。

　　內動法的經典體驗動作如下：

一　體驗上下立圓內動的「起勢——收勢」

起勢—收勢

預備式

　　（1）兩腳左右分開，兩腳距離與肩同寬，兩腳尖朝向正前方，兩膝蓋放鬆，略微彎曲即可。

　　（2）身體正直。頭部、頸項部位正直，軀幹部位放鬆。

　　（3）兩手自然下垂，手心向內，置於兩腿外側。

如此靜立 5~10 分鐘，然後開始做動作。

第一動：起勢——身落手起

（1）首先放鬆腰椎，體會尾椎骨如同一枚秤砣般，產生垂直向下的鬆沉勁感，帶動骨盆後緣下沉，臀部下坐。

內動發生：當腰椎被尾閭下沉產生的牽引力拉直時，體內會發生如下變化：命門自然後貼，而肚臍處對應地產生向內的抽勁，如同用肚臍吸了一口氣一般—丹田呼吸法有認真練習的話，此處當體會到沒白練。

小腹自然內捲，與上腹部上下合扣，在腹腔內形成一個球的感覺，並帶有膨脹感。

如果是普通的屈膝下蹲，則丹田內無任何感覺。

起勢——收勢預備式示意圖　　起勢——身落手起示意圖

（2）在身體的內、外動作運行正確時，脊椎兩側的「豎脊筋」自然會產生強烈的、向下的抻拉感，牽引兩肩胛向下沉降，肩胛下沉帶動雙臂開始上升。如此軀幹下沉，手臂上升，兩者相對運動，直到兩手與肩等高時停止，轉入下一個階段。

內動發生：在這個過程中，骨盆相當於拉起吊橋的絞盤，背後的縱向經筋相當於鋼絲索，雙臂如同古代吊橋的橋身。絞盤向後翻捲，拉動鋼索，順著「腰→背→肩→臂→手」這個次序向回抽，一點點將手（吊橋遠端的橋頭）抻拉而起。

如果是直接用胳膊往上抬，則後背、手臂無內在的筋腱抻拉貫通的感覺，並不會產生軀幹動作的呼應感。

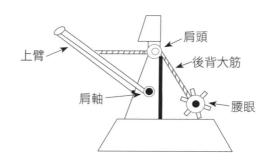

第二動：收勢——身起手落

兩手緩緩向後畫弧收近身體，兩肘左右橫撐。

當兩手收到兩肩前，兩鎖骨上方時，沿身體兩側的「肩胯連線」（鎖骨中線到腹股溝的連線，大概相當於背帶褲的背帶所在的位置）向下按。

　　與之同步的，軀幹部分，要以頭引領脊椎，藉助兩手下按之力，帶動身體緩緩地向上升。

　　當兩掌按到兩胯前的時候，身體應正好升高到預備式時的高度。

　　內動發生：人如同站在深水處，手掌如同向下壓水，身體藉助手的按勁，向上撐起來，將頭探出水面。此時，脊椎向上長，骨盆在脊椎的提拉下，垂直向上移動。如果是蹬腿站起來，或是身體不動，只是手往下按，則脊椎和骨盆不會產生向上提拉感與向下沉墜感同時存在的感覺。這也是內家功夫所講的「二爭力」。

　　起勢和收勢，是太極拳中最簡單不過的兩個動作。兩式聯貫起來，正好是身體上下蹲起一次，同時「身落手起，身起手落」，帶動雙手在身體正前方畫一個上下為長

收勢——身起手落示意圖一　　收勢——身起手落示意圖二　　收勢——身起手落示意圖三

軸的橢圓——這是外形。究其本質，是脊椎和骨盆在體內沿著「中軸」做上下的往復運動。

練習此動作時，要儘量緩慢勻速，重點體會脊椎、骨盆的運動，不要練成單純的腿部屈伸。剛開始可以 10 次蹲起為一組，以後慢慢增加數量。總量根據自己的身體承受能力安排。

注意不要出現聳肩、挺胸、低頭、仰頭等現象，要儘量保持周身舒鬆，面部自然、放鬆，口輕閉，眼睛平視前方。

練習時注意保持自然呼吸即可，剛開始一般呼吸都跟不上動作，可以在一個動作中換幾口氣，保證呼吸順暢。不要憋氣，尤其不要刻意去追求呼吸和動作同步。等呼吸變得自然深長的時候，再與動作配合，一般是身落手起時吸氣，身起手落時呼氣。

二 體驗左右平圓內動的「搖旋」

預備式

（1）兩腳左右分開，兩腳距離與肩同寬，兩腳尖朝向正前方，兩膝蓋放鬆，然後下蹲到 135° 左右。想像膝蓋以下完全踩在泥潭裏，無法動彈。

搖旋

（2）身體正直。頭部、頸項部位正直，軀幹部位放鬆。肩關節、髖關節放鬆。

（3）兩臂環抱胸前，手心向後，想像整個小臂都固

定在一道齊胸高的欄杆上。
有條件的朋友，可以真的找
一個類似高度的欄杆去體會
一下。

搖旋預備式

　　如此靜立 5~10 分鐘，
然後開始做動作。

　　這一式裏會增加一點意
識方面的要領，其實就是為
了突出強調四肢不動。四肢
不動，才能更好地感知軀幹
內部大關節的運動。

第一動

　　（1）找一下肩胯關節脫臼的感覺，將軀幹部位從四
肢構成的「外層框架」上拆卸下來。這時，手足會瞬間產
生一種膨脹的力量感。藉助這份力道，將手足在空中定
位，如同攀岩的人，手足在岩壁上找到了四個穩固的支
點。

　　（2）再放鬆一次肩胯關節，清除肩胯部肌肉的緊
張，讓軀幹順著自重，自然下沉，藉以拉伸肩胯關節的深
層筋膜，進一步增大肩胯關節的活動量（功夫到一定程
度，可以出現肩窩、胯窩），為下一步軀幹的運動釋放出
空間，也為脊柱運動產生的力量營造出四個傳導轉環的樞
紐。

　　（3）找到脊椎，讓顱骨和尾柱骨上下對拉幾次，讓
脊椎的體感更清晰。想像脊柱是一支毛筆，或者想像尾巴

骨上綁著一支毛筆，筆頭一直延長到地面上。現在筆頭所在的位置，正是軀幹運行軌跡在地面投影的原點位置 O。

第二動

忘掉軀幹、四肢，只關注脊柱這支大毛筆。保持脊柱垂直於地面，從 O 點出發，沿著 OA 這一段，平直地向右移動到 A 點，此時「筆頭」大約畫到右踝關節內側。

第三動

讓「脊柱筆」從右踝關節內側向左向後畫弧，直到 B 點。此時身體回歸正中線，但是重心靠後，體重主要分佈在兩腳跟處。前腳掌會有翹起之意，需用腳趾抓住地，否則身體會向後傾倒。

第四動

讓「脊柱筆」從 B 點向左向前畫弧，直到 C 點。此

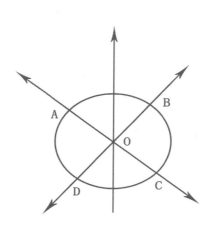

練搖旋功法時，使身體沿著本圖所示的空間坐標運轉

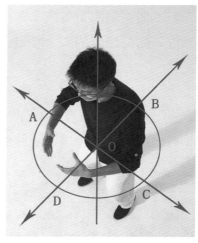

搖旋第一動

時筆頭大約畫到左踝關節內側。

第五動

讓「脊柱筆」從 C 點向右向前畫弧，指導 D 點。此時身體再次回歸正中線，但是重心靠前，體重主要分佈在前腳掌。後腳跟會有踮起之意，需加大足跟下踩的力度，否則身體會前傾。

之後，脊椎就按照 ABCD 的順序反覆畫圈。先是順時針 36 圈，然後逆時針 36 圈，如此反覆。

在搖旋的練習中最常遇到的問題是膝、肘關節晃動扭曲和腰椎的折斷。這個就需要樁功的提升來解決，所以說內動法和樁法是一體兩面，密不可分的。搖旋內動達標時，應該是四肢形成的外部框架穩定，軀幹部分在其中像洗衣機的內滾筒一樣自由旋轉。

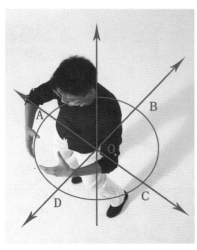
搖旋第二動

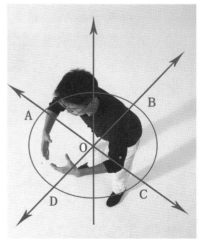
搖旋第三動

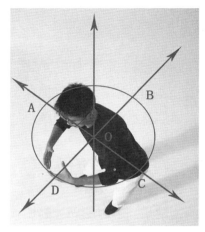

搖旋第四動　　　　　　　　搖旋第五動

三 體驗橫圓內動的「雲手」

「起勢—收勢」是上下立圓運動。「搖
旋」是左右平圓運動。

雲手

「雲手」的核心則是軀幹的橫向移動。具
體動作如下：

預備式

（1）高馬步站立，兩腳之間的距離大約兩倍肩寬。
身體如坐高凳。兩手左右平伸，與肩等高，兩掌心向外
撐。手、腳像伸進極黏的膠水裏，憑局部的力量動彈不
得。

（2）像做「搖旋」一樣，放鬆肩胯四個運轉樞紐，
讓手足撐滿，骨盆下沉，脊柱獨立。

雲手預備式

第一動：

（1）右手「黏」在空中不動，身體按照「擺髖法」的要領，以骨盆為動作主體，整體向右橫向平移，重心移到右腿。

（2）右肩鬆開，腰軸右轉，身體轉到右 45°。同時，左膀放鬆，左臂以肩關節為軸，在身體的帶動下，向下、向右、向上，經小腹前，如鐘擺狀畫下弧線到右肘部。

（3）左髖放鬆，左腳也像鐘擺一樣，在身體橫移的拖曳下，擦著地面收到右腳旁，兩腳間隔一個拳頭的距離。左腳掌虛黏在地面上，只有腳跟微微離開地面一絲即可。

第二動

（1）左髖關節鬆開，左大腿向左橫開，帶動左腳跨一大步，落地。注意此時重心仍在右腿上，不要起伏，也

雲手第一動 ⑤　　　　　　　④

雲手第二動 ❶　　　　　　　❷

❸　　　　　　❷　　　　　　❶

❸　　　　　　❹　　　　　　❺

不要晃動。

（2）重心（骨盆）平緩地從右向左橫向移到左腳上，左手繼續是以肩關節為軸，由右手肘部向上起，到眉高。左手掌向前，然後腰軸向左轉動（即「轉腰法」），身體正面朝向左 45°，同時帶動左臂像擦黑板一樣，向左水平畫一橫線，運動到手臂的自然長度為止。在左手運動的同時，右手自右向下、向左，經小腹，畫下弧形至左肘部。注意兩手是同步運動。

（3）右腿隨著身體的左橫移，被「拖」到左腳邊，腳掌虛黏地面。兩腳間隔一拳遠。

第三動

（1）右腳踏實，重心從左腳平移到右腳上，左腳變為虛黏地面。

（2）腰軸右轉，身體朝向右 45°，帶動右手自左向上到眉高，然後向右水平畫一橫線直至右邊，定住；同時左手畫下弧形到右肘處（即第一動的完成態）。

第四動（同第二動）

（1）左腳再向左橫跨一大步，然後重心從右腿橫向平移到左腳上，左手由右手肘部向上起，到眉高。由腰軸向左轉動，朝向左 45°，帶動左臂，向左水平畫一橫線，運動到手臂的自然長度為止；同時，右手自右向下、向左，經小腹，畫下弧形至左肘部。

（2）右腳隨著身體的左橫移，落到左腳邊，腳掌虛黏地面。

然後繼續做，可以一直向左雲，也可以做 3~5 個之

雲手第三動

後，改為向右雲。

雲手是「髖（帶動腿）的橫向擺動」「腰軸（帶動身體）的水平轉動」「肩胛骨（帶動手臂）的圜研運動」三者疊加的復合運動，也恰好是胯、腰、肩三個軀幹大關節內部動作的集成。

這裏，我們特別選取了孫式太極拳的雲手作為體認動作。

因為孫式太極拳的雲手，手上沒有螺旋纏絲，腿上沒有插花倒步，特別簡潔，把可能分散練習者注意力的四肢梢節的細節動作全部取消。只保留了軀幹大關節的動作。這樣可以保證練習者集中精力體會髖、腰軸（脊椎）和肩胛骨的橫向協調運動。

做這個雲手的動作時，可以想像自己面對著一堵牆，

雲手第四動　**❶**　　　　　　　**❷**

雙手拿著兩個板擦，身子橫向移動，一直向左（或向右）
擦過去。

　　以下幾點再次提醒大家注意：

　　在第二動中，橫移，這個概念一定要確立起來。
普通人要向左右移動，往往是先扭頭轉身，從視線的
方向來看，其實還是一種向前的移動。而「雲手」是
要幫助練習者建立起一種純粹的「左右」運動模式。
身體上不能出現左歪右斜，前俯後仰的扭曲變形。有
點像螃蟹一樣，整體橫行，不帶有一點向前的意思，
完全改變平時身體重心移動時非前即後的習慣。

　　第三動，先以軀幹的整體橫向移動為基礎，再增加腰
軸的左右轉動，最後將肩胛的圜研運動整合其中。這個次

❸　　　　　　　　❹　　　　　　　　❺

序不能錯亂，尤其不能先用手去畫圈。這樣做會很彆扭，因為這種運動幾乎處處與常人的運動模式相悖。這才能把練習者帶入一個類似「嬰兒重新學走路」的狀態，這時候，人的注意力才會回歸到自己身體上，認真地「觀察」自己的手腳、臂腿、肩胯、脊椎是怎麼動作的。在這個基礎上，才可能進一步引導注意力深入體內，去「體認」體腔內大關節上附著的小肌群的運動，並逐步建立一套「脊椎帶動四肢」——一種類似於爬行動物的身體協作模式。

有的朋友可能已經發現，「搖旋」和「雲手」中都包含活身法中「擺髖」的內容，也帶著「洗胯」的成果。是的，沒錯，內家拳前期的每一項基本功，都會演化為後續提高功法的構成元素。

　　「內動法」的內容十分豐富，以上三種，是比較初級，但是也比較典型的三項訓練方法，謹供大家參考。

　　在初級階段，練習內動法的要領是「以外導內」，即放大外形動作的幅度，來激活內部的關節、肌肉、腱膜，使其產生特定的運動。有點像舊式的發動機，要先用搖把來點火啟動一樣。所以這個階段的練習者，動作看起來反而有點像外家長拳，動作大開大合。尤其是心意、形意，動作頗為剛猛。

　　很多人誤以為這是在練發勁，其實不然。這把「猛火」是為了淬煉自身，儘快地打通關節，激活內裏。

　　這個階段也就是太極拳所說的「先求開展」的階段，之後才是「後求緊湊」。所謂「緊湊」，是指內動有成之後，能夠「以內禦外」的一種表現。

　　練習者以丹田為力源，經肩胯四樞，調動四肢運動。因為力量從丹田出，閃展騰挪靠軀幹完成，所以四肢不必有過大的動作，往往就是貼身而動，所以會給人一種「縮小綿軟巧」的感覺。

　　從開展到緊湊，實現「以內禦外」，練習者需要對全身的五大系統進行一番大調整。傳統說法稱之為「脫胎換骨」，真是毫不誇張。這個過程要分層次、有步驟地進行，其中要處理的細節無數，所以拳架動作必須要緩慢柔和。大部分內家拳練習者，必須用大段的時間來度過這個磨合期。這也就造成很多人對內家拳的印象就是慢慢練的「老人拳」。

　　其實這個階段，就像書法中的臨帖，就是要在一筆一

畫的慢寫中體會、契合先賢的筆法用意，它本身就是快不得的，快了也沒有意義。這就是練己的功夫，不是用來對敵的。跨過這一關，內家自有專門的打法訓練。

有些傳承不系統的練習者，急於獲得技擊能力，試圖把這個階段的拳架動作拿出來做搏鬥技術之用，結果效果往往讓他們大失所望。這就好像把在車間中裝配到一半的新型坦克開到戰場上去打仗，後果可想而知。

內動法，是過去各家口傳心授的東西。過去老師父們一般是只教初始階段的外動「引子」，不解釋對應的「內動」。讓弟子們先去成千上萬遍地重複，然後等著看誰「碰」出了裏面的「消息」，來找師父印證。以此甄別弟子的毅力、悟性和緣法，選拔「入室弟子」，同時淘汰那些只「悟」不練（瞎琢磨）或只練不悟的人。

現在，拳術已經成為一種體育運動，沒有必要像過去那樣門禁森嚴。所以，我們把「內動法」的原理給大家剖析開來，大家作為興趣研究也好，作為健身手段也好，相信都能從中獲益。但是我們也要鄭重聲明，這些只是「練法」，實戰的用法是另外一套體系。就像「坦克製造」和「坦克作戰」是兩個體系一樣，不能說你學的是坦克設計師的課程，最後卻能成為一名優秀的坦克手，二者根本就是兩碼事。

第七章

易筋經

易筋經作為我國一種聲名遠播、功效宏大、影響深遠的功法，其流派分支非常之多，而且常被冠以各種名頭，如某氏、某傳等。初學者剛接觸，往往會有一種眼花繚亂的感覺。

但總的來說，易筋經大致可分為三大源流，即丹家易筋經、醫家易筋經和武家易筋經。分別是煉丹修道的人練的、行醫的人自修和指導病人練習健身，以及習武之人練習的。世上流傳的易筋經，都不出這三大源流。

這三者的區別，主要是因為練習目的不同，造成心法和側重點有所不同；就目前流傳情況來看，影響最大，流傳最廣的是「武家易筋經」，因為作為傳統武術的重要組成部分，強身功法的源頭之一，易筋經在習武之人這個群體中的受眾最多，流傳得也最廣。有此基礎，武家易筋經的功法整理得更加系統，外形動作比較清晰明確，普羅大眾容易上手，也容易出效果。

丹家易筋經因為是供修丹道的人築基之用，心法要求與其餘兩家差別挺大，細節要求更多，內在講究也更多，而且不同的丹法流派之間，差別還挺大。因為傳承隱秘，所以流傳不廣，也極難遇到。

醫家易筋經是介乎武家和丹家之間的。其傳承最

為散亂。因為習者多是抱著治病或是養生的心思練的，所以大多不甚深入，淺嚐輒止，略有成效便滿足，此是相對於武家和丹家的效果而言。所以下心思研究、整理得不多，因此功法最不成體系。加之醫家易筋經又非常依賴傳授者的水準，傳授者的水準要非常之高，自身功夫精湛又要醫理精湛才能真正指導人習練易筋經起效果，所以流傳不廣。僅有少量既通中醫（因為醫家易筋經用的一些指導理論與武家和丹家有區別，它是按照中醫理論來的，中醫理論偏後天；而武家和丹家的指導理論則相近，都是偏先天的理論）又通養生的人士，在進行比較系統的傳承，要遇上那得看緣分。

我們在本書裏所論的易筋經，都是基於武家易筋經而言。其心法，也就是原理、理論方面則是根據流傳於本門武學內的易筋經而論的。但是功法動作則不是。因為本門內的易筋經功法動作不適合普傳。所以我們在動作上，還是以大家最容易接觸到的「十二大式易筋經」為藍本，下文簡稱為「十二式易筋經」或「易筋經」。這樣也有利於大家學習。

這點望大家周知。

第一節

易筋經的意義

　　易筋經，對內家拳有極為重要的意義，在內家拳的體系中，有著極為特殊的地位。我們可以說它是內家拳真真正正的「基本功」。這個「基本」，不是說它的層次低，而是指無論何種內家拳，皆以之為根本。甚至我們可以放大了說，任何一門中國傳統拳術，都與它有著或多或少的關係。

　　所以，若言內家拳，不可不瞭解「易筋經」。從本質上講，易筋經不僅僅是一門功法、是一整套技術動作，它更是一套完備的理論，是構成內家拳理論體系的核心理論之一。

　　所以，欲學內家拳，不可不知易筋經。

　　在開始對易筋經的介紹之前，很有必要提醒諸位讀者朋友一件事：無論你最初是為了強身健體也罷，還是想調養下身心也好，開始了你的內家拳練習；抑或你只是抱著「我就看看內家拳是怎樣的，不練」的心態來讀本書的也好。當你讀到了本章節，進入了本階段功法，不管你對內家拳的主觀看法如何，你都得做好逐步進入內家拳這個大語言環境（它的思想、認識、概念等）中的心理準備——

哪怕你可能不喜歡、不樂意接受。

　　我們在前面的章節裏一直不斷地在給大家介紹內家拳的基本概念和基本理論，就是為了讓大家能理解內家拳這個「新的」語言環境，「新的」思維方式。

　　因為越是深入內家拳的世界，就越需要內家拳的語言、內家拳的思維。在易筋經階段，可以說我們已經深入到內家拳世界了。

　　那麼，不能一直還用前面章節那些近似現代解剖學的語言解讀嗎？

　　說實話，筆者也真是沒辦法了，我們當然還會儘量爭取表述的淺顯直白，但是總不能為了讓一些人「看懂」而去強行替換某些關鍵概念。就像不能把天津的煎餅餜子解釋為「Tianjin Hotdog」一樣。

　　這是因為，用什麼「語言」「編程」，決定了你用什麼方式思維，決定了你思考問題時的邏輯和概念。而不同的邏輯和概念會導出不同的結果，差之毫釐，謬以千里。所以，我們很是需要瞭解一些內家拳的思想、方法和概念。

　　這總不是壞事。

　　須知，「道、武、醫」三門，都屬於我國傳統文化中靠研究「人體」和「生命」吃飯的三家學問。其中，武之一門，是最注重人的「有形之身」（人的肉體本身）的鍛鍊和使用方面的功用的，也是在這方面研究開發得最深入的。而這方面，恰恰是最與人們的現實生活、行走坐臥、身體健康切實相關。世人說「傳統武術博大精深」，說得

不僅僅是傳統武術的攻殺戰守之道，而是它對人體鍛鍊，進而「改造」人體方面的研究和認識。

這方面的知識，對我們是很有用的，它們都存在於內家拳的世界之中。

內家先賢王薌齋先生說過：「不學拳，是不要性命的傻子。」就是指的這層意思。

易筋經的最大意義，即它是傳統武術在人體鍛鍊開發方面具有代表性的研究成果。

可能大部分人對易筋經的瞭解，基本是來自武俠小說和影視作品。然而《易筋經》可不是武俠小說和影視作品虛構出來的，它確確實實存在於現實世界。

不過，在現實世界裏，它的地位倒真是近乎武俠作品中那樣，屬於至尊絕學一類的功法。它在傳武學術體系中穩居統治地位，體現在無論內家外家，哪門哪派，其功法中都能看到易筋經的影子。甚至有很多門派本身就有完整的易筋經功法傳承。

一項功法，竟然做到了江湖各大門派，家家都有它的法脈流傳——能讓一種功法達到如此影響力的，靠的就是它的「道理」。

易筋經對人體的認識深刻，其具體鍛鍊功法設計合理、有效並且系統。這才使得古往今來幾乎所有中國拳種門派的功法，要嘛暗合易筋經的理念，要嘛直接保留了易筋經的原始動作。

這是易筋經最重要的價值。

第二節

易筋經對筋骨的認識

　　從《易筋經》開始，中國武術的鍛鍊真正把握住了主幹，不再在旁枝末節中摸索。初步解決了，鍛鍊時該練哪裏、怎麼練才有效的問題。有理論，有認識，有方法。

　　易筋經把訓練目標放在了「筋」上，這表現出武術理論對於人體的認知不僅僅停留在淺表，而是已有了全面和深刻的認識，已經敏銳地發現了「筋」對人體的影響及其重要性。

　　以下為《易筋經》原文節選，大家可以看下古人對於筋和人體關係的認識深刻程度：

易筋經總論

　　……且云易筋者，謂人身之筋骨由胎稟而受之，有筋弛者、筋攣者、筋靡者、筋弱者、筋縮者、筋壯者、筋舒者、筋勁者、筋和者，種種不一，悉由胎稟。如筋弛則病，筋攣則瘦，筋靡則痿，筋弱則懈，筋縮則亡，筋壯則強，筋舒則長，筋勁則剛，筋和則康。若其人內無清虛而有障，外無堅固而有礙，豈許入道哉？故入道莫先於易筋

以堅其體，壯內以助其外。否則，道亦難期。

……

然筋，人身之經絡也。骨節之外，肌肉之內，四肢百骸，無處非筋，無經非絡，聯絡周身，通行血脈，而為精神之外輔。如人肩之能負，手之能攝，足之能履，通身之活潑靈動者，皆筋之挺然者也。豈可容其弛、攣、靡、弱哉。而病、瘦、痿、懈者，又寧許其入道乎。

佛祖以挽回斡旋之法，俾筋攣者易之以舒，筋弱者易之以強，筋弛者易之以和，筋縮者易之以長，筋靡者易之以壯。即綿泥之身，可以立成鐵石，何莫非易之功也。身之利也，聖之基也，此其一端耳。故陰陽為人握也，而陰陽不得自為陰陽。人各成其人，而人勿為陰陽所羅。以血氣之驅，而易為金石之體。內無障，外無礙，始可入得定去，出得定來。

然此著功夫，亦非細故也。而功有漸次，法有內外，氣有運用，行有起止，至藥物器制，節候歲月，飲食起居，始終各有徵驗。入斯門者，宜先辦信心，次立虔心，奮勇堅往，精進如法，行持而不懈，自無不立躋聖域矣。

……

膜　論

「夫人之一身，內而五臟六腑，外而四肢百骸；內而精氣與神，外而筋骨與肉，共成其一身也。如臟腑之外，筋骨主之；筋骨之外，肌肉主之，肌肉之內，血脈主之；

周身上下動搖活潑者，此又主之於氣也。是故修練之功，全在培養血氣者為大要也。即如天之生物，亦各隨陰陽之所至，而百物生焉，況於人生乎，又況於修練乎。且夫精氣神為無形之物也，筋骨肉乃有形之身也。

此法必先煉有形者，為無形之佐；培無形者，為有形之輔。是一而二，二而一者也。若專培無形而棄有形，則不可；專煉有形而棄無形，更不可。所以有形之身，必得無形之氣，相倚而不相違，乃成不壞之體。設相違而不相倚，則有形者亦化而無形矣。是故煉筋，必須煉膜，煉膜必須煉氣。然而煉筋易而煉膜難，煉膜難而煉氣更難也。先從極難、極亂處立定腳根，後向不動、不搖處認斯真法。

務培其元氣，守其中氣，保其正氣。護其腎氣，養其肝氣，調其肺氣，理其脾氣，升其清氣，降其濁氣，閉其邪惡不正之氣。勿傷於氣，勿逆於氣，勿憂思悲怒以損其氣。使氣清而平，平而和，和而暢達，能行於筋，串於膜，以至通身靈動，無處不行，無處不到。氣至則膜起，氣行則膜張。能起能張，則膜與筋齊堅齊固矣。

如煉筋不煉膜，而膜無所主；煉膜不煉筋，而膜無所依；煉筋、煉膜而不煉氣，而筋膜泥而不起；煉氣而不煉筋膜，而氣痿而不能宣達流串於筋絡。氣不能流串，則筋不能堅固，此所謂參互其用，錯綜其道也。

俟煉至筋起之後，必宜備加功力，務使周身之膜皆能騰起，與筋齊堅，著於皮，固於內，始為子母各當。否則筋堅無助，譬如植物，無土培養，豈曰全功也哉。

　　般刺密諦曰：此篇言易筋以煉膜為先，煉膜以煉氣為主。然此膜人多不識，不可為脂膜之膜，乃筋膜之膜也。脂膜，腔中物也。筋膜，骨外物也。筋則聯絡肢骸，膜則包貼骸骨。筋與膜較，膜軟於筋；肉與膜較，膜勁於肉。膜居肉之內，骨之外。包骨襯肉之物也。其狀若此，行此功者，必使氣串於膜間，護其骨，壯其筋，合為一體，乃曰全功。

　　想必古文大家看起來有些不暢快，不利於理解。沒關係，在本書前文中，我們給大家介紹過筋的概念，在這裏，不妨借這個機會再給大家歸納總結一下，就算是給大家翻譯一下經文的主旨。

　　人相當於一台由筋骨、臟腑、神意等五大系統組成的精密機器（前文有介紹）。其中筋（經筋、筋膜）很重要，從物質層面上來說，它們包裹著骨骼和臟腑，從能量層面來說，它們維繫著經絡體系，是人體能量的往來通道。

　　對於筋，依靠現代解剖學分析，被認為是「肌腱、肌膜及其他結締組織」，是肌肉的附屬物。而內家拳理論中，則認為「筋」是獨立的器官，以「經筋」和「筋膜」的形態存在，肌纖維是其從屬。兩種認識截然相反，由此衍生出來的訓練體系自然也背道而馳。

　　易筋經也好，內家拳鍛鍊也罷，其中最常用到的概念是「經筋」。

　　如果非得用現代醫學定義來解釋，狹義的「經筋」，

我們可以視為是「肌腱＋肌膜（及其包裹的肌纖維束）＋骨膜＋骨外的各種軟組織＋血管」的串聯體。

從形態上來看，「經筋」是長條形、鏈狀的，像晾在骨架上的一掛掛香腸。長長的腸衣中，分段包裹著若干肌肉束。

從內家拳理論的角度來講，「經筋」不能簡單地用解剖學概念來闡釋。經筋是一種功能性的身體結構。也就是說，筋不是一個單一的身體部位，而是諸多人體組織的共同協作所構成的功能單元。好比一家公司，對內，有各種職能部門、各類專業人才協同；但對外，一致表述為某公司，以公司的名義出現。

正因為經筋的「組織構成」涉及面很廣，它的影響極大。

經筋把骨骼串聯起來，構成了支撐我們人體的基本框架。經筋的正常運作，還事關我們人體的日常各種動作、動作能力的大小（筋長筋短）、身體強壯程度（筋強骨壯）、力量大小（筋長力大），等等。

從養生健身的角度來說，普通人日常所遇到的大部分小病小災，尤其是很多所謂的亞健康疾病、現代都市生活病、白領病，等等，其實大多是經筋病，透過對經筋的鍛鍊，就可以得到很好的恢復。

經筋的強健還事關人體能量（氣血）的輸送，對內在的臟腑氣血影響很大。我們知道，人體氣血輸送依賴十二經絡，而與十二經絡對應的，即是十二經筋——這也是筋被稱為「經」筋的原因，跟經絡一樣，共計十二條。經絡

貫通全身，而十二經筋，對十二經絡在物質層面進行維繫和支持。

經筋和經絡，一實一虛，構成了我們人體能量輸送系統以及身體構架。它們運轉正常，乃至運轉高效，就可以極大有益於身體功能的各個方面。

而其中，又以物質層面的「經筋」最易為人們所把握，所以我們退一步講，若要調理身心，你可能不太理解經絡知識，沒關係；也可能對經絡不敏感，也沒關係。用外形動作調理十二經筋，就能作用於十二經絡，就能取得整體的鍛鍊效果。

所以，筋的意義十分重大。所以鍛鍊得當的話，經筋的功能得以充分發掘，會產生很強大的健身功效。

從練功強身的角度來說，筋骨是身體的根基，從練筋骨入手，是中國武術的根本，內家功夫的必由之路。

故而，易筋經名為易「筋」經。

第三節

從易筋經走向內功

易筋經的好處說了很多，但易筋經對於內家拳的修練，還有一個最大的意義不得不提：就是透過對易筋經的修練，可以幫助大家快速理解內家拳中一個極為重要的組成部分。——即「內功」。

讀者們不要笑。我們知道大家平時聽這個詞聽得很多，但現實中這個「內功」不同於武俠小說、電影裏帶給大家的內功印象——雖然現在也難以考證到底是現實中先有了「內功」這個詞，還是武俠小說先創造了這個詞——不過這個名詞，確實能傳神地表達這個概念。

廣義上來說，幾乎內家拳的所有功法都可以被稱為「內功」，但狹義上來說，所謂的「內功」，其實就是對日常利用不到的，身體內部深層次的部位進行刺激、鍛鍊開發和調動、控制的方法，也是身體鍛鍊方法的一種。

身體的鍛鍊方法，不是只有強化某一部分身體肌肉之類，對身體的功能深度發掘和開發也是一種。

其本質就是使人能夠更好地運用和調動自己平時不可控的身體部位——從我們很容易理解的筋骨皮，到不太能理解的精氣神，從而使人能做到一些常人做不到的事情。

因此，被稱為「內功」。

易筋經即是一種內功修練法，而內功第一個層次就是筋骨功。這是因為：

一方面，內家拳中幾乎所有依靠內功所獲得的能力，都要依賴筋骨能力的強大才能實現，例如，被大家津津樂道的「搭手飛人」等發放能力。

筋骨是所有內功用於實踐的基礎，所以，對筋骨能力的鍛鍊和開發是第一位的。

另一方面，所有內功的鍛鍊目標和手段，無非是筋骨、膜、臟腑、氣血、呼吸等。這裏筋骨是第一位的，除了因為筋骨是最容易練到和刺激到的部位外，還因為筋骨跟經絡這個身體能量輸送管道息息相關。

十二經筋對應十二經絡，而對內膜、臟腑和氣血的鍛鍊，離不開經絡的作用。對筋骨的鍛鍊，自然就能強化到經絡，進而順利刺激深層次的部位。它們是一種相輔相成，互為因果的關係。

大家注意一下，其中有三個關鍵詞：筋骨、經絡、氣血。

筋骨，是支撐我們身體、完成我們各種活動的根本。所以易筋經基本上都是以筋骨為主要鍛鍊對象，以實現強筋壯骨為主要目標。

經絡，是輸送我們人體營養和能量（氣血）的管道。

筋骨要想變得強壯，光讓筋骨做各種動作，吃苦受累是達不到目的的。鍛鍊的本質是要讓筋骨得到更多的氣血滋養。

滋養筋骨要靠經絡起作用，筋骨中的「經筋」，與經絡又是息息相關、互相支持的。故而疏通經絡是「易筋經」鍛鍊裏的一項重要內容。

氣血，在易筋經體系裏可以理解成能量、營養的總稱。它依靠經絡來傳輸，是用來滋養筋骨的精華。在易筋經功法裏，是以呼吸調節、推動氣血在經絡中的運行，進而進行全身的調節分配。

所以，易筋經功法的總體指導思想，一言以蔽之，就是以氣血滋養筋骨使其強壯。

那麼，怎麼就能做到想滋養筋骨就能滋養筋骨呢？

實現這一目標的辦法，就是依靠前人摸索出來的一些特定動作來舒展筋骨，疏通經絡，同時配合呼吸，調動氣血沿著經絡運行，沿途滋養全身各處筋骨。從而實現強筋壯骨，進而強化全身的目的。

這就是易筋經內功的基本運作原理。希望由這個解讀，能讓大家對於內功有個基本認識。

所以我們在練習易筋經的時候，首先，要明確自己的訓練目標：筋骨；其次，要高度關注每一個動作的正確，特別是姿勢到位──舒展筋骨，疏通經絡；最後，學會和利用呼吸，以此調節氣血，讓筋骨得到補充，確保功法起效。

以上心法，望大家練習時多加揣摩。

易筋經先行功法

理論講解完，下面進入實修階段。

在此之前，我們一直在強調，練習內家拳是要按道理來練習的。內家功不是仙丹，不是給你一套絕世功法，你每天花個三五分鐘比劃比劃，立刻就是一代宗師。

然而很多人就是帶著這種「嗑仙丹」的心理預期去練功的：你不是內家神功嗎，我練了三天，每天都練了 10 分鐘呢，怎麼還不起作用？你這功法是假的！你肯定是在忽悠人！

內家功法起作用，是要遵循一定的原則和前提條件的。符合了起作用的前提條件，內家功才會有效果。否則要嘛不起作用，要嘛事倍功半，見效極慢。

易筋經即是如此，不是拿到一套功法就立刻上手比劃的。任何一套系統的功法，就跟一套精密的儀器一樣，是按照說明書來操作的。先幹什麼，再幹什麼。幹什麼以什麼為條件，什麼起作用以什麼為前提，都是有因果關係，都是有道理有說法的。對於任何功法，這些東西都要先搞清楚再去練，切忌自我想當然。

尤其值得一提的是：練功時懶於思考，這是現在太多

人的毛病了，很多人真的認為練功是個純肉體運動，胳膊大腿每個 5 組、每組 10 個地流流汗、累一累就是練功了。不是那麼回事，內家練功需要身體頭腦共同的作用，是身心的同時鍛鍊！這點切切注意！

易筋經開始練習之前，也是必須先瞭解一系列的注意事項，必須滿足一定條件，之後，才可開始練習功法動作。無論你是練習增演易筋經，還是十二式易筋經，都是一樣的。

以下就是易筋經練習前的前提條件。我們可以稱之為「基本要求」。

● 基本要求及說明

（1）**基本站姿要求為兩腳開立與肩同寬。**

這個姿勢要求是有原因的，這個站立姿勢是相對最舒適的站立姿勢，對身體負擔最小，最有利於身體放鬆。

（2）**練功前須靜心鬆身，最好在有氣感後方可行功。**

這是對練功「環境」的要求。身體放鬆、內心安靜是環境條件之一，所有動作在這個條件下做出才有效果。氣感是環境條件之二，一般在身心安靜後，就會有氣感發生。

所謂的氣感，就是在腰腹一圈，或是丹田部位，或是兩腎部位，還有的是在胃部，有熱感，這就是氣感。

兩腳並立與肩同寬的自然站姿是身體最舒適
自然的站姿，最有利於身體和心境的放鬆和
安定

　　為了幫助身心安定，可以先練習「丹田呼吸法功
法」。

　　（3）以「鬆」「靜」之法運勁。**雖鬆靜而有勁、生
勁。這是點明練易筋經時「勁」的方法。**
　　易筋經是動功，又是用來舒展、伸拔、調理筋骨的功
法，不可避免的就是「用多大勁，怎麼用勁」的問題。因
為貌似在一般人概念裏，沒勁怎麼練功？這裏就是點明這
個勁法問題。在保持鬆、靜的前提下，你身上還剩多大勁
就是多大勁，切不可再人為加勁。並且，雖然最初開始可

能勁感比較小，但是隨著練功進度的加深，越鬆靜，勁感會越強，這就是鬆靜生勁的道理，也是易筋經的功效，說明筋骨真的得到鍛鍊加強了。

鬆靜心法配易筋經的動作，才是「易筋經」切實起效的關鍵。

（4）定式時數呼吸，數額須滿 49 次呼吸。

這是易筋經定式時的標準，一呼一吸為一次，呼吸滿 49 次就可以進行下一動。

（5）以收攝心神之意去練，不可以用力，不可以用發散、消耗之法去練。

精、氣、神皆要收斂回體內。這也是極重要的心法。易筋經是養練法，練功時切切注意不要有消耗之意。如果不能理解什麼叫「精氣神」收斂回體內，也沒關係。

可以先理解成：

①不能有絲毫我這是在費力氣，吃苦受累練功的思想。

②不能有絲毫我需要用力去做某一動作或姿勢的思想。

③練功如同休息，是在享受。

④練功如同吃飯，從每個姿勢，每個動作裏都能獲得「能量」，不理解能量的意思，也可以理解成獲得好處。

這是易筋經很重要的心法，也是「心意」在功法裏進行參與的表現。

⑤氣要順，身要「懶」，如同伸懶腰、鬆軟之勢去

練。這是易筋經功法練對時身體的初步感受,特別提出來作為大家的一個衡量參考。就是做任何一個動作時,呼吸都特別順暢、舒服,沒有憋氣努力的感覺。身體上不是肌肉用力的感覺,每個動作的感受都跟伸懶腰是一樣的。切切注意!

📿 捧氣貫頂法

捧氣貫頂法

　　行功之前必先行捧氣貫頂法,以清身心,去除污濁,以補清氣,吐故納新。同時淨心滌慮,放鬆身體。

　　基本站姿站立,雙手合十,高舉過頭,然後雙掌分開,變為雙掌中指指尖相對,掌心向下,緩緩下按,從而引清氣下貫。有這個意思就可以,久之才會有真實的感覺,開始只是想像。尤其注意是全身一起進氣(**不是僅從頭頂進氣**)。想像清氣將體內上下洗滌三遍,身體不好的東西變為黑色的物質被洗出,從腳趾氣端穴流出。如此行三遍即可。

　　此功法開始主要作用重在練功前寧心靜氣,靜心滌慮,從身心兩方面為下面行功做準備,也可以理解成易筋經前的準備運動,是一種熱身。

　　進一步的作用,久之功深後自有感覺,此處不贅言了。

捧氣貫頂法圖一：以基本站姿的
姿勢自然站立

捧氣貫頂法圖二：兩手經體側平舉
而起

捧氣貫頂法圖三：兩手高舉過頭，
於頭頂合十

捧氣貫頂法圖四：雙手以合十姿勢
緩緩從體前下落，同時想像動作引
自然界的清氣（積極、正向、對人
體有益的氣）入體，緩緩下灌

捧氣貫頂法圖五：在下落過程中，雙掌慢慢地分開，變為中指指尖相對、掌心向下的姿勢，緩緩下按。想像入體的清氣隨著下按的動作緩緩下灌，同時洗滌身體

捧氣貫頂法圖六：入體的清氣隨著下灌的過程將身體內不好的東西滌蕩乾淨

捧氣貫頂法圖七：雙手按到小腹前之後，即可左右分開，同時想像體內不好的東西變為黑色物質被清洗出來，從腳趾氣端穴排出體外，如此行氣三遍

捧氣貫頂法圖八：收功時雙手自然分於體側，恢復成基本站姿即可

第五節

易筋經體驗功法

傳統的東西不是簡單的動作、技能。外在的東西，說到頂天占一半，主要的東西都在裏面，是那些無形的，甚至是只可意會不可言傳的東西。

就好比詩、琴、書、畫，老師只能傳格律、指法、運筆這些有形的東西，至於畫出來的是美人，還是張飛，得靠自己對內在韻味的體悟。

所以學傳統的東西得會學。用現在的話解釋，得能「透過現象看本質」。不能變成「名牌」功法的收藏家。

之所以前面幾個章節不厭其煩地給大家做各種鋪墊性講解，就是要把易筋經之所以有「易筋洗髓」之功效的一些關鍵點給大家點出來，讓大家練之前做到心中有數，練功時知道自己在幹些什麼，幹了什麼，才能收到功效。否則網路上這麼多版本的易筋經，你自己按照圖片、影片練習，跟體操有多大的區別？

心法不同，所以功效不同。

前面我們提到了，練易筋經要抓住的三個關鍵詞是：筋骨、經絡、氣血。這是從鍛鍊的對象角度講的。

這次從練習易筋經時身體的「功感」方面，講幾個需

要注意的關鍵點。

也就是說，你得先明白練易筋經時，身體會產生怎樣的「內感覺」，並且在認識上建立正確的相關認知。然後，才能正式開始易筋經的練習。

這三個動作，可以視作易筋經的預備功，也可視作「小易筋經」。

動作一：橫撐式

易筋，顧名思義，是以「筋」為主線進行系列鍛鍊。而「筋」是人們日常不易感知的。尤其現代，普通人對「筋」沒有任何概念。簡單說是韌帶、筋膜，只能消除一點陌生感，其實還是難以讓練習者真的理解什麼是「筋」，堪稱常人修習內家功的第一道難關。所以我們有必要先讓身體清楚體會到「筋」的存在和感覺。

（1）平行步站立，兩腳間距與肩同寬。然後將手向左右平伸，高度與肩同高，手心向下，五指向外伸展到極限。意識裏似乎要觸摸極遠處的某物。

（2）從肩關節開始，肘關節、腕關節、指關節，每一節都先放鬆肌肉，再極力伸展，再放鬆肌肉，再極力伸展，直到伸到無法再動一絲一毫為止。

（3）在此基礎上，手指緩緩翹起，指向天空，帶動掌根向左右兩側外推，使整個手掌向上豎立起來，意識裏還要讓掌心向外凸。完成這個動作時，注意一定不要讓任何一個關節回縮，每一個關節都要保持向外伸展的感覺。

這時，手臂和胸背部的皮下組織會感到一種如同壓腿似的撕扯感，尤其腋下最為明顯，這就是「筋」的體感。

此刻，如果讓人用掌猛擊你的手掌，你會發現雙臂與上半身串聯成了一個整體，是上盤整個結構承受了這下打擊。而對方會感覺拍在了一根橫木椿上。

但是，如果某個關節伸展不夠徹底（多數是肘部或者肩部），就會受到劇烈震動，而非身體整體。如果練拳時出現這種關節「打軟」的現象，就是內家術語所說的「斷勁兒」。

這個方法可以非常直觀地體認內家拳「整」的概念，因為內家的「整」，就是建立

橫撐式圖一：雙臂左右平伸，手指向外伸展到極限狀態

橫撐式圖二：雙臂左右平伸，手指翹起，成立掌狀態

在筋骨結構基礎之上的。家師張烈先生就常用這個方法讓初學者理解「放鬆」與「整」的關係。

這個功法在形意拳中，即是形意拳「伸筋法」的一種。

動作二：探掌式

（1）平行步站立，雙手向上平舉，與肩同高。手指向正前方伸出，掌心向下，五指尖朝前，像要觸碰極遠處的牆。這時用第一式中找到的「伸筋感」，極力向遠處伸展手臂，具體要求與第一式的要領一樣（*所以說筋骨功是氣血功的基礎*）。

（2）手指前伸到位之後——注意，這是前提，想像手指尖黏在遠處的牆上了，然後開始放鬆。

首先鬆肩、頸、背，這時會感覺頸根部的肌肉會放鬆一些，手指似乎又可以往前鬆一點點。

然後，大椎穴微微往後靠一靠，像要找個牆靠一下。這樣，大椎穴和手指尖就形成了一組對拉關係，好像掛在空中的一個晾衣繩。

這時，大椎和手指之間的所有肌肉都可以放鬆下來，而肩、肘、腕、指等關節，就會有一種「拉開」的感覺，像一掛鏈子鞭，橫掛在空中。

保持住兩端極力伸展的感覺，不要丟。這時請朋友來輕拍你的指尖，不用太大勁，輕輕拍就可以，看是否能保證手指關節承受住拍擊不打軟。

剛開始承受不住也沒關係，絕大部分人肯定都承受不住的。多練就行了。

這時只需注意仍保持住放鬆的感覺，然後將氣貫到指尖。不必想氣是什麼，氣從哪裏來，也不要管走什麼循行路線，也不用配合呼吸。直接就是想著有「氣」貫到指尖上。一定不要用力，肌肉不要用力，筋骨也不要用力。就是想著有「氣」貫到指尖就好。

慢慢地，指尖會有一種發脹的感覺，好像手指頭粗厚了一層。這時再讓朋友來拍你指尖，覺得能承受住，而且手指關節沒有打軟，就是「貫氣」成功了。

如果沒做到，可以多試幾次，直到做到為

探掌式圖一：正面圖。雙手平舉，與肩同寬，向正前方伸出

探掌式圖二：側視圖。極力向遠處伸展手臂，伸到位之後，開始放鬆

止。最後形成一種習慣，一伸手就氣貫指尖。

如果始終不成功，那證明你手臂的經筋太弱或者有淤塞的地方，趕緊返回去練第一式。

這一式，主要是為了引導練習者在筋骨感的基礎上，產生對氣血的感覺。

普通人練習內家拳，第二難以理解的概念就是「氣」。對「氣」存在與否、如何定義，以及如何發生作用，一直是現代人對中醫、傳武的爭論焦點，甚至是槽點。

雖然前文裏我們對氣有過解釋，但是讓大家理解氣的存在是一回事，讓大家承認氣的存在又是另一回事。

我並不想在這裏過多爭論，只能說「氣」在內家拳的修練中確實有很大作用。在易筋經練習裏，對「氣」的修練也占很大比重，沒有氣血滋養，筋骨的修練就是無本之木，容易枯槁。所以，找準「氣感」，是我們修練易筋經功法必不可少的一個關鍵。

有關氣感，我們介紹過「丹田呼吸法」，來體會初步的氣感，就是體內的「熱感」。這種引導練習者體會、感知到氣的方法，屬於「養氣」。

這次我們要強調的是「運氣」的感覺，就是把「氣」運行到身體某處，或者是「貫注」到某處。在易筋經功法裏，首先要求把「氣」貫到梢節，如手指尖、腳趾尖。這樣就能保證「氣」流經了體內的主要經絡（**主要指十二正經**），自然起到潤養全身筋骨的效果。

此功法在八卦掌中，即是八卦掌的初級貫氣法。

動作三：托天式

（1）平行步站立，先做到第一式「橫撐式」。然後兩臂繼續上舉，到頭頂上方。形成一個「托天」的動作。兩手手心向天，十指指尖相對。

托天式圖一：先做到第一式橫撐式狀態

（2）保持手臂關節的伸展，用第二式的要領，手指好像要夠到極高的屋頂，然後掌心黏在屋頂上，兩條胳膊像兩條繩子，整個人好像掛在了天上。

（3）鬆腰，臀部有下坐之意，尾閭像一個鉛錘，向下沉墜。與雙掌形成對拉之勢。這一點與第二式的要領相同，但是拉伸的線路更長了，涉及的部位更多。後背、脊椎，特別是腰椎會有被牽引拔開

托天式圖二：從橫撐式狀態始，兩臂繼續上舉，到頭頂上方，形成上撐的狀態，即為托天式

之感。

這個動作，在八卦掌中即是練腰功的重要動作。不太接觸內家拳的人，可以這麼理解，這就是「伸個大懶腰」之加強版。可以在沒事的時候多練習，緩解疲勞效果很好。

那麼，為什麼要練習這個動作呢？

因為易筋經是鍛鍊整個人體的功法，這就要求我們做到開全身的關節，伸展全身的經筋，並且促進氣血周流全身。而人體的各個部位，因為日常生活習慣的影響，鬆緊程度是不一樣的，有的地方比較鬆活，如手腕、腳踝、頸項。有的地方就僵硬，最關鍵的就是腰椎。要均衡鍛鍊，就得把各部位協調一致了。那麼，就得針對最不靈活的地方下手。

以前講活腰的時候就說過，腰椎五節是身體上下通道的樞紐。

而上下不通，則是普通人身體第一大弊病（或者也可以理解為，身體上下聯繫薄弱）。此處也是健身和習武之人首先要處理、解決的問題。

解決這個問題的關鍵所在，就是腰部（所以諸家拳譜、功法中都對腰部極為重視，論述頗多）。

足三陰三陽經，是從頭到腳的縱向經筋，也就是氣血上下運行的物質通道。而腰部就像一段各條河流交匯的「黃金水道」。

普通人因為久坐、少運動等原因，腰椎這段河道都不通暢，就像塞滿石頭和淤泥，只剩一點曲曲折折的孔徑，

勉勉強強能通點水過去。大概處於湊合能用，不影響日常生活的程度。

　　而欲練功求健康之人，則必須將這個通道予以加強。這個「加強」不是一般人概念裏的練粗、練壯，而是「打開」。就像疏通河道一樣。由練習托天式，可以有效地放鬆腰部肌肉，打開腰椎五節，把阻塞通道的石頭和泥巴（緊張的肌肉、粘連的筋膜）清走。上下通道打開，易筋經的鍛鍊效果才能充分顯現出來。

　　這裏需要指出的是，腰部放鬆不是一兩天能達成的，需要日復一日地長期堅持練習才行。

　　由練習鬆腰，可以明白，內家功所說的「放鬆」，真是一種功夫，是一個需要長久練習、長期積累才能逐步進步、逐步深入、逐步達成的目標。

　　但是，也不必畏堅畏難，只需抱定「**天天練習總會有進步，只要有進步，對身體總會有好處**」的信念就好了。久久為功，必有所成。

　　以上三個小功法有了真實體認之後，再練易筋經才能直接步入正軌，不至於把這部武學聖典變成一套健身體操。磨刀不誤砍柴工，請有心的朋友們好好揣摩，細心體悟。

　　下面介紹易筋經正式動作的練法。

● 一　預備式

　　（1）雙腳開立與肩同寬，雙膝略有彎曲，腳尖朝前。

（2）雙手自然下垂，垂於體側，指尖朝地，掌心向內。

（3）身體（脊椎）自然正直，不要歪斜，目光平視，微收下頜。

易筋經

（4）平心靜氣，呼吸自然。

如此，靜立幾分鐘即可。時間無硬性要求，達到身心放鬆的程度即可。

預備式圖

二 韋陀獻杵（也稱環拱當胸）

（1）雙手從體側慢慢轉到體前，掌心朝向自己。

（2）上動不停，兩肘向左右兩邊分開，帶動小臂和手掌升起，升到丹田高度時略停一下，靜養片刻。注意，

韋陀獻杵圖一　　　　　　韋陀獻杵圖二

是兩肘提拉兩小臂，不是手自己抬起來。

（3）然後，兩肘繼續向左右分開，帶動小臂和手掌繼續升起（感覺到後背的兩肩胛骨也在向左右兩邊分開，連帶整個後背都舒張開，這就說明動做作對了）；升到尾肋高度時，兩手中指指尖剛好相對，似挨非挨，兩指尖間距約一張紙的厚度。

（4）上動不停，保持肘部在空間中定位不動，然後讓小臂骨在手臂內裏翻轉，到心口高度，一邊翻轉一邊緩緩將手掌向前送出，到距離身體約一尺（約 33 公分）遠時即止。此時手心斜向上，手背斜向外，兩手之間如捧一物。手掌送到位後，仍舊保持中指指尖相對的姿勢，指尖間距仍是一張紙的厚度。兩肘斜指地面，與地面夾角約60°。

韋陀獻杵圖三　　　　　　韋陀獻杵圖四：動作到位狀態。
　　　　　　　　　　　　　在此狀態下靜立 49 個呼吸

　　此時手臂呈環抱形，如同懷中抱著一個大橄欖球。手臂內側會形成一個「經筋環」。這個環形會產生很強的向外膨脹感。保持這個「外抱內撐」的狀態。靜立 49 個呼吸。

三 橫擔降魔杵

　　（1）承上一式。小臂骨在內裏向內翻轉，雙手變成立掌。掌心相對，大指朝胸口，其餘四指指天。兩掌之間如夾一球。虎口要撐圓，兩小臂水平於地面。

　　這個動作屬於「歸元」性質，可以放鬆一下剛才極力伸展的經筋，引導氣血收回丹田，調整一下身心。這種感覺不同於放鬆休息，而是回歸到什麼動作都沒做的狀態，

就是初始態，既沒有精氣神的鬆懈，也沒有精氣神消耗的狀態。

（2）想像胸前有一根很粗的橫柱，用虎口的圓弧卡著這個橫柱，兩肘帶動手臂、手掌慢慢向左右打開。注意要保持小臂水平於地面，這樣胸背、腋下的筋膜會感覺十分酸爽。這時候注意不要憋氣。

（3）當兩肘橫開到極限的時候，兩手大概運動到了兩肩窩的位置。這時兩手腕外旋，手掌向外翻，然後向左右推開，手臂慢慢伸直、伸平（**手臂高度與肩同高**），盡力向遠處伸展。

這個動作如同把左右兩堵牆推向兩邊。此時，胸背的筋膜會感覺進一步舒展開，胳膊到手掌的經筋會有很強烈的拉伸感。注意不要拉傷。

橫擔降魔杵圖一：此姿勢為「歸元」動作。就是回歸到初始狀態、預備式狀態的意思

橫擔降魔杵圖二

橫擔降魔杵圖三

橫擔降魔杵圖四：動作到位狀態

（4）如果可以，雙手儘量保持立掌，伸展到身體左右兩側極限後停住。如果手臂的筋腱拉伸感過於強烈，可以將手腕平伸，掌心朝下。

保持這個姿勢不動，靜立 49 個呼吸。

四 掌托天門

（1）承上一式，手臂放鬆，兩手向下抄抱合攏，到丹田時將手捧起，到心窩高度位置，停一下。此時掌心朝上，指尖相對，如捧一球。兩肘尖指向左右兩邊。這個動作也屬於「歸元」，可以放鬆一下。

（2）承上一式，將手掌緩緩升高，兩手左右略分，經過耳後，小臂翻轉，手掌由托抱姿態變為托舉姿態，兩掌心向上，大指向前，四指相對，手臂儘量向上伸展，好像將天空向上托起。

（3）上動不停，在此姿勢下，盡力舒展身體，手掌加大向上承托的程度，而腳跟牢牢踩下；四肢的所有關節和脊椎的骨節盡力上下舒張開，周身的經筋和筋膜隨之盡力舒張開。

（4）保持這個姿勢不動，靜立 49 個呼吸。

這裏需要提醒大家注意一下我們所提出的「歸元」動作概念，不可輕視。

真正的內家練法都必然是從「歸元（回歸原始態）—演化（生發出某種姿態）—歸元—演化」這樣的模式進行的。例如形意五行拳練習、八卦走轉、太極盤架子，等等，都是這個模式。沒有了歸元態，就只是消耗性的練法，失了內家養練、內練的本意。

掌托天門圖一：兩手向下抄抱合攏，到丹田位置時將手捧起

掌托天門圖二：手升到心窩高度時停一下，此時為「歸元」，可以放鬆一下

掌托天門圖三：手掌從「歸元」式姿勢開始，緩緩升高，與肩同高

掌托天門圖四：從肩的高度開始，兩手分開，從面前繞向耳後，此時兩手仍保持手朝前的姿勢

掌托天門圖五：經過耳後，小臂翻轉，手掌由托抱姿態變為托舉姿態，掌心變為朝上

掌托天門圖六：以雙手托舉姿勢，雙臂儘量向上伸展，變成撐托姿勢

掌托天門圖七：雙手盡力向上撐托，同時雙腳儘力踩往地面，全身上下舒張開。此時姿勢為到位狀態，保持此狀態靜立49個呼吸

好，功法動作就介紹到這裏，下面把其中包含的修練指導思想介紹一下。

首先，易筋經是一套動態功法。

這一點與很多人的認知不太一樣。易筋經的修練方法不是一種靜功，更不是古代的靜力性訓練，它是一套動態功法。

這個怎麼理解呢？

簡單來說，易筋經本身應該如同舞蹈、瑜伽或者太極拳那樣，綿綿不斷地運動起來，才是易筋經的真正修練方法。

我們在網上、書上看到的「易筋經十二大式」圖譜或者「增演易筋經圖譜」，可以視作這套動作的關鍵動作截圖。好比有人在跳一支舞，我們在過程中抓拍了一些特別

精彩的動作的照片。但是，後來的練習者不能只照著這些精彩動作的「定格」去學習舞蹈動作。

舞蹈，是流動的；易筋經，本質是動態的。

其次，易筋經要練出內裏的「動勢」，才能真正達到其鍛鍊目的。

很多人把易筋經圖譜動作理解成了原始的站樁功，一幅圖一幅圖地去練站樁。這樣也能有一定的健身效果──但是這就把易筋經的本義給歪曲了。

站樁，只要心法正確，姿勢大致合理，都能取得一定的健身效果。何必非要按照《易筋經》所載的圖式練習呢？

有些朋友看到這可能會覺得糊塗了。前面的功法介紹中，你們不是要求每個動作最後都要靜立，堅持 49 次呼吸嗎？

諸位，請再仔細看看，我們所說的最後定式，都是從前一個動作演化來的。雖然外形不動了，可是那個動作的「態」沒有消失。你每呼吸一次，那個動作就要在身體裏再重複一次。比如「橫擔降魔杵」這一式，你兩手左右橫撐到極限之後，每一次呼吸，兩掌就要再向左右加勁推一次。49 次呼吸，等於你在裏面做了 49 次左右橫推的動作。

所以，易筋經所要求的「動態」，不是說把功法的那些外形姿勢聯貫起來做一遍就行了。而是說每一個動作，身體裏面要有具體的動作，即使外形靜止不動了，裏面的動作也不能停。配合著呼吸，這個「內動」要在身體裏面

一遍又一遍地重複。說的再深入一點，易筋經十二式的內在動作連續起來，形成一個「滔滔不絕」的狀態，才是易筋經的真義。

打個比方來說：一條河流，源源不斷地流動起來，才是活水，才有其生命力；如果只是一個封閉的死水坑，就沒那麼大的生命活力。

「問渠那得清如許，為有源頭活水來」。所以說，易筋經最根本的，就是通過動態，練這個「活」力，這個「生命力」，即是我們前面章節提到的人的「生機」。

再次，十二大式的重要意義。

可能有人要問了，為何按照易筋經十二大式運動，就能鍛鍊到筋和經絡呢？按照別的姿式動行不行？比如廣播體操？

這十二大式不是隨便選定的，它是前人對經絡運行的客觀規律的認識的具體展現。

身體動作和經絡運行之間的規律，在增演易筋經裏略有提及，就是在它的分類裏，有正身、側身，半身、屈身、折身、扭身、倒身、翻身，等等之分。

以這個給大家做個引子，幫大家把思路帶起來。這些姿勢，是人體正常的或者說健康的活動的分類和歸納總結。因為它們都是促進經筋、筋膜舒展和經絡通暢的。所以才會對人體產生有益的效果。

要鍛鍊人體，求得健康，基本脫離不了這些動作大類。

故而，雖有很多非易筋經的健身方法，但其基本動作

的選擇，都能在這幾類動作中找到相近項。瑜伽、廣播體操也不例外。

十二大式是從這些動作中精選出來的。因為這些動作，有其獨特的功效。

我們先看看易筋經十二式：

第一式：韋陀獻杵；第二式：橫擔降魔杵；第三式：掌托天門；第四式：摘星換斗；第五式：倒拽九牛；第六式：出爪亮翅；第七式：九鬼拔刀；第八式：三盤落地；第九式：青龍探爪；第十式：臥虎撲食；第十一式：打躬式；第十二式：吊尾式。

咱們以頭三式為例分析一下，這三個動作算是一個小組。也有的支派裏直接把頭三式統稱為「韋陀獻杵之一二三式」的。

在整套易筋經裏，頭三式的意義，就是先梳理調整週身經筋經絡。

怎麼調整？先搭建一個身體的整體架構。具體來說，就是要重塑一個骨架結構。

如果我們將人體視為一個三維球體，那麼，球體的骨架是什麼樣的？前後、上下和左右。三個方向有支撐，就可以構成這個骨架了。

再看看韋陀獻杵三式。

第一式，環拱當胸。這個姿勢是一個身體的整體原始態。裏面什麼都有，但是什麼都還沒有表現出來的狀態。這個狀態下，修練者的身心可以得到均衡的調理。

第二式，橫擔降魔杵，左右橫向調理身體經筋經絡。

建立左右支撐結構。

第三式，掌托天門。上下調理經筋經絡。建立上下支撐結構。

有人要問了，第一式難道不該是建立前後結構嗎？

否。

沒有前後。

為何沒有？

因為前後是人體日常最多做的動作，常人只有過剩，沒有不夠的。

所以，不再強化前後了。「天之道，損有餘而補不足。」環拱而立是中規中矩的模擬球態。而接下來的九式，就是給這個球體的三維骨架蒙上蒙皮，構成一個完整的球。

注意，從表面上看，後面的九式無非代表了一些人體的典型動作，什麼扭身、折身、屈身，等等，這個怎麼能夠成圓的蒙皮呢？

其實，這又要回到我們一開始強調的話上去：要動起來練，連起來練。練動態。當你將十二個動作聯貫運動起來時，這些動作就會帶動氣血在經筋經絡裏運行，它們的循環運轉不休，等於就是在人體這個球體的骨架上，纏上了一條條的橫、豎、斜線，就像纏毛線球一樣，慢慢就形成了一個完整的球。

所以，這個球，是活性意義上的球。而那些經緯線和斜線，就是所謂的「周天」。周天是什麼？是氣血循環的高速公路。

最後，必須特別強調的**易筋經修練原則**。

易筋經的動作，必須要從身體根節發出。就是從脊椎、骨盆等處發源。

人體的經筋和經絡其實很多、很密，如同一個好幾層套疊的大網兜。奇經八脈、十二正經是編織這個網兜的主線。在它們的基礎上，疊加其餘的經筋、絡脈的分支，共同構成這個網兜。而脊椎、骨盆是人體的根本支柱，是根節。必須讓動作從根節發起，才能真正做到由內而外的全身運動，這樣，這個經絡大網兜才能像傘一樣充分張開。

初學者一般做不到，所以允許剛開始用梢節領勁。但是要明確，這只是最初的練法，是為了喚醒根節的鋪墊性方法。最後必然是根節催勁。

《易筋經》原文中專門列了一章「膜論」。但沒太細說練法，這不是故作神祕，其實也沒有多神祕，骨架撐開，筋膜自然張開。再做動作，就能練到膜了。拳訣中有所謂「玉樹掛寶衣」，就是形象地描述了這種狀態，如同衣服架子一樣，根節真正支撐起來了，筋膜才能好似衣服一樣全面舒張開來，撐布全身。這是一件水到渠成的事，但是習練者不可不知。

練到膜，易筋經功法才算是真的練到位了。

這就像一個目標，要知道往哪裏去努力。

第八章

站樁功

站樁，是任何一位內家拳習練者繞不過、躲不了的東西。

曾幾何時，樁功，儼然已經跟內家拳畫上了等號。

「站樁是練習傳統內家拳的必由之路，如果練習傳統內家拳，必須站樁」——這樣的觀點一度深入人心。可以說，當時練內家拳的，不會幾個樁式，出門都不好意思跟人打招呼。

然而，隨著站樁功的影響擴展開來，動不動不管什麼問題都是「站樁吧，站樁就解決了」，以致於衍生出了：

頭疼腦熱？站樁。

腰腿不好？站樁。

失眠健忘？站樁。

想抗打？站樁。

想打人？站樁。

……

至於站的是什麼樁？無所謂。

到底怎麼站樁？不清楚。

很多人是什麼樁法流行就站什麼，哪家的名頭響亮就站什麼。一時間，一項質樸的內家基本功，成了無所不能的「大力丸」。

　　但是，問題很快隨之而來了。一批批的內家拳練習者，每天擠出一兩個小時，甚至三四個小時站樁，最後有什麼效果呢？健身方面，倒還算可圈可點。拳技上呢？似乎也沒什麼特別之處。

　　於是，對於樁功的質疑之聲也就起來了。頗有一批「練家子」宣揚，站樁就是浪費時間，最多是養養生，實際所得與實戰無關，俺們不站樁一樣能打，云云。

　　粉黑雙方各說各話，各捧各的祖師，各炫各的戰績，雲山霧罩，使有心學習者不明就裏，無所適從。

　　其實，爭論雙方都規避了一個基本問題：所謂「站樁」，到底是怎麼回事兒？

　　今天，我們勸各位對內家拳感興趣的朋友，其實不忙著「選邊站」，不妨先來看看，站樁的本質到底是什麼？再思考一下，樁功大辯論中的各種觀點，爭論的究竟是不是同一個問題？最後再決定自己要不要學習站樁，或是該從哪種樁法練起。

第一節

椿功構成解析

　　關於站椿功，最經典的解說詞一般都是這樣開頭的：站椿功是我國古代養生術的一種，早在兩千多年前的《黃帝內經》中，就有「……上古有真人者，提挈天地，把握陰陽，呼吸精氣，獨立守神，骨肉若一，故能壽蔽天地……」的記載。

　　凡是傳統的武術人，說起站椿，基本上都得引用一下《黃帝內經》這段話。這段文字確實經典，說的也沒錯。但是，離現代人的理解習慣實在是過於遙遠了一些，簡略了一點，相信大部分人看了之後還是會一頭霧水。

　　而近些年，又流行用肌肉學說，即西式健身理念來解讀站椿的理論。這些用「肌肉─骨骼」視角來解釋站椿涵義的文章，好比是把一副中藥方劑改寫成了一張藥物所含化學成分的化驗單，那一堆的術語和符號固然羅列得極為詳細，但是並不能用來指導配藥和熬藥，頗有強行尬聊和水土不服的嫌疑。

　　那麼，「站椿功」到底是一個什麼性質的功法呢？

　　前幾章裏，我們已經給大家解讀了內家拳理論對「人體構成」的認知以及對「人體運作模式」的理解，並且介

紹了一些調整人體結構的方法，如呼吸法、活身法、內動法、易筋法等。

椿功，某種意義來說，相當於是以上各種鍛鍊方法的一個總成。

咱們具體來分析一下：

（1）先回顧一下咱們的思想主線：人體是一個巨系統，內含五個大系統：筋骨、五臟、氣血、經絡、神意。內家功就是要「解構—重組—強化」這個大系統。

（2）呼吸法，主要對氣血、五臟、經絡起效，間接滋養筋骨（膜）、靜心養神。

（3）活身法，主要對筋骨起效（略側重於關節），順帶有疏通經絡的作用。

（4）內動法，主要是筋骨間架結構的動態訓練，同時對其他四個系統也都有一定的要求。

（5）易筋法，主要是鍛鍊筋骨，疏通經絡。

大家可以看出，每一種方法，都是有所側重的，要想把「五大系統」均衡強化，達到重塑人體的目標，就得把這幾種功法全練到。但是每個人每天的時間是有限的，有沒有更高效一點的辦法？

於是，前輩們試驗來、試驗去，找到了「站樁」這個好功法。

站樁的內在要求，前面的章節或多或少有所提及。在此，我們再細緻梳理一遍，看看它是怎麼把各種內家功法熔於一爐的。

站樁，一般先從自然站立開始，初步擺正骨架之後，

開始靜心、調呼吸。

以呼吸為媒介，讓意識逐步和身體契合，並誘導肌肉放鬆。肌肉放鬆了，消耗減少，經筋鏈中的緊張點消除，氣血流通就會更順暢。這就實現了「呼吸法」的訓練目標。

肌肉放鬆了，原來的骨骼結構自然「解構」，會順著重力沉墜下榻。這就會打開各個關節，自然就包含了「活身法」的內容。

這時候，老師們會給練習者調型，傳統叫「捏架」，引導各大骨節沉降到拳學運動需要的指定位置，然後形成一個新的結構。

這個新結構，各個骨節相互支撐，如同榫卯相接，而且總重心比在原先的結構狀態下降低一截（也就是拳譜上常說的「氣沉丹田」），相對來說，整體骨架的穩固性比原先大大提高。這個新結構啟動圓研模式，就是「內動法」（自帶「丹田動功」）。

這個骨節沉降的過程，會引導全身的經筋伸展，並且新間架調整到位以後，伸筋的效果還會繼續持續。這就初步起到了「易筋經」的鍛鍊效果。

如果練習者通曉經絡知識，還可以利用意識和呼吸，引導氣血循著經絡運行，主動去灌溉滋養沿途的筋骨組織，這就到了「經筋貫氣」的程度，如此能使身體組織得到相當程度的強化，出現骨堅、骨沉、筋韌、力大等效果。這些，可是能夠直接給技擊訓練增強效果的！

正是因為樁功幾乎囊括了內家拳的所有功法，並且可

以對技擊訓練體系提供直接支持。所以，樁功在內家拳訓練體系裏，地位才這麼重要！

尤其對於現代內家拳愛好者而言，每天能擠出來鍛鍊的時間就這麼點，是像排加班表一樣把各種動靜功法都操練一遍，還是集中精力站上一兩個小時的樁，相信大家會有明智的選擇。

椿法分類

　　透過椿功訓練內容的解析，大家不難發現，站椿，作為一種練功方法，並不是從始至終擺一個造型在那裏一動不動，就能靜待神功上身了。

　　椿功是活的，是有生命的，它本身是一個遞進式的成長過程，可以劃分為不同階段，每個階段具有不同的訓練效果，也有不同的訓練要求。有點像古人學《論語》，童蒙識字可以用它，科舉應試也可以用它，為官治事還可以用它，關鍵看你自己到了哪個階段。

　　為了便於大家理解椿功的實際應用，我們可以把椿法簡明扼要地劃分為兩個大類。

第一個大類是「靜功」椿法

　　這個概念是現代體育訓練體系裏所沒有的。卻是練習內家拳所必知的，不僅在椿功訓練，實際上內家拳任何一個訓練階段和任何功法中，多多少少都會應用到這個概念。

　　所以，大家必須認真理解這個概念。

靜功≠靜力性訓練。

雖然有人用這種理念指導站樁練習筋骨也有一點收穫，但是跟內家的「靜功」是兩碼事。

靜功的意義

首先是能將身心都導入一種「安靜態」，故而形象地稱為「靜」功。這個「安靜態」，不是說周圍沒有噪聲的那種「安靜」，而是指身心都處於一種「不動」的狀態。身體沒有要做什麼事的負累，不會引發肌肉緊張，消耗極小。大腦（心）也沒有要思考什麼問題的負累，不會導致精神緊張，沒有思想包袱。這種狀態稱為「安靜態」。

打個不太恰當的比方來說，人本身就像一台極靈敏的電子天平。無論做任何事或者思考任何事，都如同你往秤盤上放置了一些物品，哪怕是一片羽毛，這台天平都會產生一定的失衡。天平一歪，就證明這台天平就已經不處於原始的平衡狀態。這時我們再稱量其他物品，得到的數據都是不準確的，而且會加劇天平的失衡——後天模式的各種勞作，會加劇身心的疲勞。乃至有的人猝死在健身房裏，就是這個原因。

所以，我們稱量東西之前會做一件什麼事呢？

就是將天平恢復平衡，讓刻度指針「歸零」。

靜功所求的「安靜態」，即是這個身心的「歸零」態。

以這個身心平衡的「安靜態」為起始點，我們再進行一系列精細的調整，才能逐步調動起人體的生機，來進行自我修復；再進一步，開發人體良能，強化身體素質。

生機、良能，這是靜功修練的關鍵詞。

單純地給大家闡述理論，可能大家很難理解。我不妨舉幾個生活中的例子：

最直觀的，是睡眠。尤其是小孩子、嬰幼兒，睡眠充足的嬰幼兒智力和體力都發育的比較好，這個大家都知道吧。睡眠，就是一種典型的「靜態」。就是成年人，特別疲勞的時候，第一需要也是睡眠，飯都可以先不吃，也要先睡一覺。睡眠其實是一種被動的靜態。因為處於這種狀態下，我們無法控制自己的身體。

還有一種情況，可能更好理解一點，就是「療養」。患者大病初癒，醫生也是強調要注意「靜養」，最好去個有風景區的療養院。除了保證足夠的睡眠、精細的飲食，還要讓患者清醒時也處於一種安適的環境中，不煩憂，少思慮，心情沒有大的波動。這個狀態，比較接近「靜功」的概念和感覺。

所謂「生機」，大致是指人體作為一種生命體，天然具有的自我構建和自我修復能力，即是人體的生命力。但是在現代社會，我們幾乎是從幼兒園開始，就必須去參與各種各樣的社會活動，應對四面八方的壓力。緊張的節奏，使我們從肉身到精神幾乎總是處於消耗，甚至透支狀態。很多人躺在床上也睡不著，睡著了也會做惡夢。在這樣的狀態下，人體的生命力是無法得到休養生息的。

所以我國的傳統文化，在修身方面，都強調要留出一點時間給自己，調攝身心。具體方法很多，如靜坐、撫琴、讀經、繪畫、書法，等等，不外乎就是暫時忘掉紅塵

俗世，做一件身體低消耗，同時能夠愉悅心靈的事，從而給身心一個調適恢復的時間段。

內家功秉承的也是這種思想。其實道理很簡單，一個五勞七傷的人，還想什麼跟人搏擊？先老老實實把自己身體養好再說吧！所以，內家的「靜功」，就是一種能夠讓人自主進入「安靜態」的方法。

運用這種方法，你可以隨時隨地給身心營造一種自我修復的內環境，儘可能地洗去平時工作生活給身心造成的不良影響，之後開始積蓄生命力，給身體以自我調理和修復的資本和時間。說白了，去山的那邊、海的那邊的療養院歇上一個月我做不到，那每天我進入自身的療養院待上一個小時總可以吧。

這種「入靜」方法，主要是一種「心法」，關鍵並不在外形動作。但是對於初學者，外形還是對精神有影響的──說到這，我們有必要再強調一下前文介紹的「鬆靜」理論。

內家功的養生效果，必然是以「心靜身鬆」為基礎逐步實現的。精神和肉體是相互影響的。心靜的越好，身體就越放鬆，反之，在心不靜（精神層面）的時候，我們可以透過放鬆身體（肉身層面）來引導心境放鬆。所以一個初學者，要想「入靜」，最佳選擇當然是讓身體先靜下來，進而鬆下來。

要達到這個目的，「站樁」就成為一個很不錯的練功手段。站樁的優勢如下：

（1）容易保持骨架的整體挺拔端正──避免坐姿時

間長了駝背或塌腰疊腹。

（2）各大關節沒有過大的曲折，血脈受壓迫、受阻礙的程度最小——打坐容易腿疼腳麻。

（3）不容易犯困昏沉——臥功很容易睡著。

（4）不需要什麼配套器具——打坐需要蒲團；臥功，至少得有張小榻吧？

所以，綜合來看，站樁這個「載體」性價比是最好的，把靜功心法裝進去，就是一種人人可練，時時處處可練的上乘養生之法。

第二大類是「內壯」樁法

顧名思義，就是要讓練習者從身體裏面，由內而外地強壯起來。這是一種從根本上的變強。說得直白一點，我們要骨骼更堅實一點，經筋更粗、更有彈性一點，筋膜更厚實一點，五臟提供氣血的能力更強一點，經絡傳送氣血的通路更寬暢一點。毫無疑問，這類樁法本質是為拳法服務的，也就是為了打做準備。

所以一般「內壯」型的樁功，都是在「靜功」型樁功有成之後練習。二者不是對立的關係，反而有些承接的意思。也可以理解成服務方向不同，有將靜功型樁功分類成「養生樁」，將內壯型樁功分類成「技擊樁」的說法，就是秉承這個意思，倒也無不可。

所以練習內壯樁法，**首先得保證足夠的訓練量**。

從時間上講，最少不能低於 40 分鐘，否則連養生效

果都難以保證，更別說想練出一副鋼筋鐵骨了。當然，最長也別超過 2 小時，否則容易勞損筋骨。這個時間量是前人實踐總結得來的。個別人或許有特例，但是對大部分人還是適用的。

其次是要保證足夠的強度，要讓筋骨得到充分的「刺激」。

這方面的訓練內容其理論經驗主要來源於《易筋經》。內壯樁法都是採取伸展型的功架結構，這是基於《易筋經》原理設計的，能把全身各條大筋撐開，然後再不停地用呼吸法催動氣血去灌溉，時間長了，筋骨自然變得粗壯堅實。

如果說靜功樁法是從礦石中熔煉出生鐵，那麼內壯樁法就相當於把生鐵進一步提煉成鋼。這個過程會感覺很痠、很痛、很難熬，是需要咬牙堅持的。這一關熬過去了，就是一身鋼筋鐵骨。熬不過去，那以後就老老實實地在健身領域愉快地玩耍吧。

再次就是要堅持「養練」的根本原則。

兒時，長輩要求我們搬重物，往往會加上一句，「出力長力」。西式體育理論對此有解釋，就是要高強度的劇烈運動，撕裂肌纖維，然後再由休息和補充營養讓它恢復，這樣肌纖維就會變粗一點點，然後如此循環，才能提高人體素質。

但是內壯樁法完全不是這個思路！用這種先「消耗」再「超量恢復」的方式，只能強化肌肉，用這個路數去站內家的樁法就南轅北轍了！雖然說內壯樁法會給筋骨帶來

強烈的「刺激」感，但是這和西式體育的靜力性訓練截然不同。再痠痛，也絕對不能讓肌肉緊張僵硬。

站內壯樁法，不管樁架拉的多大，勢子下的多低，都要先運用「靜功」心法養足氣血（即是養生命能量）。等氣血充盈之後，再逐步去「撐骨、脹筋、騰膜」，同時用氣血去養筋骨、養內臟、養神經，填實樁架，最終實現人體的全面強化。

這就好像種樹，我們不斷地給樹澆水、施肥、光照，就行了，樹自然就會慢慢長大長壯。我們不需要，也不能去揠苗助長。這種練體方式，與其說是「強化」，不如說是想辦法促進人體的「生長」。這個根本思路一定要堅持，否則容易事倍功半！

最後，有一點要特別提醒大家，練習站樁功，請先保證充足的睡眠。

特別是對初學者。如果將人體氣血恢復效果最佳的方法排個序，第一位是充足的睡眠，其次才是靜坐和站樁。千萬不要熬夜站樁，那同樣是透支自己的精力。睡眠充足，休息好了再站樁，效果保證更好。當然，如果你身體微有疲勞，不是很累很困。抽空站會兒樁，絕對是一種很好的休息。

明白了基於功效的樁法分類原則，再看各種名目的樁法，就很清楚了。

（1）固本培元型

這是從內到外，純走「靜功」路線的，特別適合身體處於「亞健康」狀態的人群。

代表椿法：無極椿、太極椿、高馬步椿。

（2）調理筋骨類

這是走「內壯」路線的，當然兼顧一點靜養的元素。適合有筋骨病的人，例如現在普遍的頸椎病、腰椎病人群，以及需要矯正骨架或強筋壯骨的人群。

代表椿法：渾圓椿、陰陽椿、大字椿、托天椿、中位馬步椿等。

（3）技擊類

在內壯椿的基礎上，增加了某些技擊要素，帶有攻防涵義，適合有搏擊對抗要求的人群。

代表椿功：三才式、子午式、老僧托缽式、矛盾椿、手揮琵琶式等。

（4）極限強化類

這是內壯椿法的頂配版，一般是練習者經歷過真實對抗之後，發現自身某些先天素質難以滿足實戰的要求，想突破自身的極限時才要站的椿。適合對技擊水準有較高追求，準備經常從事高強度對抗的人群。

代表椿功：降龍椿、伏虎椿、大式子午椿、大式獨立椿等。

有志學習內家拳的朋友，可以先根據自己的需求，確定學拳的最終目標，再去選擇相應的椿法練習，必可事半功倍。

第三節

關於無極樁、渾圓樁

前面兩節談了那麼多站樁的原理，最後結合具體的樁法，為大家解讀一下「如何站樁」這個操作性問題。

我們就以無極樁和渾圓樁為例。這兩個樁法涵義很深，既可作為入門級別的築基樁法，又可作為高級階段以一攝萬的妙法，堪稱「貫穿始終」。

一般由書籍和網路自學樁功的朋友，可能是有感於這兩個樁法操作簡單而內涵深刻吧，多是從這兩者入門。但是因為沒有得到系統的傳授，反而把「操作簡單」和「內涵深刻」兩方面給學錯位了，搞成了操作複雜、內涵膚淺，給自己的修練製造了障礙不說，還以訛傳訛，給其他人思想認識上增添了不少疑惑。

透過上一節的分析，我們可知，無極樁，代表著「靜功」思路，側重於「養」。渾圓樁，代表著「內壯」思路，重點偏「練」。但是大部分自學者對這兩個樁法並無清晰的概念，更不瞭解靜功和內壯在操作層面的區別，不乏擺著無極的樁型而在心中搬弄渾圓樁心法的人，亦不乏相反的例子。故而，本章節的解讀，在講具體的調樁要領的同時，也會為大家釐清一些基本概念，讓大家對這兩個

樁法所代表的兩類樁法訓練思路的異同和特點，有個更清晰的認識。

無極樁、渾圓樁這兩個樁法，都是打造身體基礎的樁。拳學上統稱為「正面樁」。因為這種樁姿立身中正，上下左右很均衡。這種類型樁法多是側重固本培元，從整體入手優化身體（與專項強化某方面身體素質的樁法比較而言）。作為養生來說，是最適合的，這是兩者的共同點。

下面，我們主要看看兩個樁法的差別。

一 無極樁

無極樁，或稱無極式，實際上它並不屬於狹義的武術範疇的站樁。

本質上無極樁是傳統的養生類功法。

正如前文所說，靜功是核心，套了一個站樁的外殼而已。它的主要目的和作用在於引發身體的良性變化，將有疾患或是亞健康的身體，調養成健康甚至相對較強壯的狀態。其練功目的並不是專為技擊服務的。所以內家拳中多以無極樁作入門功法，用以調理學者的身體，將其身體調養到比較強健的狀態，為正式的拳法訓練做準備之用，並不將其列入正式的拳術課程。

無極樁的特點，是不需要刻意地以某種大強度或刺激性的姿勢或動作為手段，也不需要特別的思想意念引導（例如意念導引周天，或者是意想亮光、太陽等意念假

借）。其練法只是營造一個溫養身心的內環境，然後靜候效果產生就是。

所以無極樁其實只有兩個需要注意的要點，一個是身勢要端正，即調身；一個是合適的呼吸法，即調息。

我們先來看看無極樁的調身要求。

1. 兩腳併攏，腳尖朝前，正身直立

【要點解讀】這個要領說穿了，其實就是無極樁的「站立」要求。

「站」樁「站」樁，怎麼個站法？對無極樁來說，就是正直站立就可以了，此外沒有更高的要求。真的就這麼簡單，千萬不要想得太多。

2. 兩腿併緊，內側相貼，雙膝微屈

【要點解讀】雙腿不要分開、不要下蹲，在築基階段更有利找準「站得筆直」的感覺，可以確保腿部經脈暢通，氣血運行無礙。雙膝微屈，有利於腿部肌肉放鬆，同時避免對膝蓋造成過大壓力。

3. 兩肩放鬆，兩臂自然下垂，兩手貼於大腿外側，掌心向內，中指對準褲線

【要點解讀】中指對準褲線的時候，雙臂鬆垂，保證肩關節處於端正放鬆的位置，既不向前夾，也不向後擠。

4. 頭部保持正直，兩眼平視前方，視線略向上抬高一寸（約 3.3 公分）。下頜微收

【要點解讀】視線抬高一寸有利於頭部的正直要求，一般人認為自己平視的時候，其實是有些低頭的，所以需要抬高視線一寸。

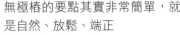

無極樁的要點其實非常簡單，就是自然、放鬆、端正	無極樁側視圖。下巴微收，視線抬高一寸。頭部端正，才利於身體端正

無極樁最大的要求就是沒啥要求。

上面所謂的調身要領，其實用一句話就可以概括，就是身姿端正不歪斜。說簡單直白點，就是往那裏一站，身子不東倒西歪，前俯後仰，就成了。

這就算是開始站無極樁了！然後只需要放鬆身心，使身心處於鬆靜環境中就可以了，就是無極樁態。

再直白一點，無極樁大約等於站著睡覺。

睡覺有休養身體的效果嗎？有。沒錯，無極樁休養身體的原理，大約等於睡覺休養身體的原理，就這麼簡單。

身形端正，身心放鬆，自然而然，就是無極樁最大的要訣。把握住這些，就是掌握了無極樁的根本。

當然，這些是無極樁的初級入門的要求。

　　無極樁的奧妙當然不止於此，還有進階的無極樁，也就是效果加強版。

　　無極樁的進階，始於「呼吸法」。具體的內容和方法，我們在本書第四章已經介紹過了。相對於入門級的無極樁，增加了「呼吸法」內容的無極樁對身體放鬆得更為精細、深入，身體各個部位，特別是肩、胯、脊椎等大關節鬆開得更徹底，休養的效果自然也更好。身體旺盛的生機和氣血，自然而然地會滋養身體，強筋壯骨。筋骨強壯以後，必然會帶來形體上的變化。

　　下面，我們就比較詳細地解說一下這個階段的內容。

無極樁對身體，尤其是對筋骨的滋養，其成果首先由腿部顯現出來，當足三陰經有明顯感覺後，兩腳自然會由併立，變成 90° 夾角站立。這是一個自然而然的結果，並不是刻意擺出來的

首先，隨著身體從頭到腳的深度放鬆，氣血向下傳輸的份額會自然增加。滋養足部的筋骨，然後，練習者的經筋會從腳下的湧泉穴「重新」向上「生長」。最先有感覺的，應是兩腿內側的足三陰經筋。初級的無極樁，是兩腳併立，兩腿相貼。當足三陰經產生膨脹感時，兩腳會自然分開，兩腳尖自然會向外掰成 90° 站立。這樣，練習者會感到腿部氣血運行舒暢，不憋屈。

到這個程度，基本就是往筋骨功上轉了，已經超越了普通人要追求的健身程度了。

足尖外開之後，三陰經筋進一步生長、膨脹，其中腹股溝深處的肌腱會變粗，把兩髖關節「撐開」，兩胯會隨之產生向左右打開的感覺。這時候，讓身體自然下蹲一點，兩膝順著腳尖的方向微微外開一點，但不要超過腳尖。兩膝一開，兩腹股溝自然像門扇的合頁一樣張開，其內部的經筋會有通暢的感覺，同時，襠底（會陰附近）的經筋會形成圓拱形。這樣下盤就形成了一個類似「O」形的支架。

在此基礎上，身體會發生四個重要的變化：

1. 戳腰坐胯

兩胯左右橫開，兩臀瓣的筋肉隨之橫向舒展開，會給尾閭和小腹讓出一點位置。

身體陰面（正面），透過「丹田呼吸法」鍛鍊出來的腹腔內膜就多了一點膨脹的空間。小腹會有一種鬆圓、飽滿的感覺。

身體陽面（背面），尾閭不再被臀肉夾裹，因此可以

自然下沉一點，帶動骨盆後緣向下沉坐，練習者感覺身體坐在了兩腿組成的凳子上。

內感覺精細敏感的人，還可以感覺到腰椎五節鬆開，而自然出現的同時向上、向下、向後的膨脹舒張感，腰彎向後填滿，整條脊椎像戳在骨盆上的一根旗杆，此之謂「戳腰坐胯」。

「戳腰坐胯」到位之後，就建立起了軀幹部位的第一個十字支撐結構。這一點非常重要，是內家拳整體樁架結構的第一基石。

2. 挑頂豎（樹）項

「戳腰坐胯」形成軀幹下半截的十字支撐結構之後，隨著尾閭的自然鬆沉下墜，會產生一股力量順著脊椎同步上升。這股勁兒由腰而背，直到頭頂，把頭顱像帽子一樣頂起來，這就是「挑頂豎項」。此時，人會感覺精神一振，頭頂心「百會穴」處產生向上頂的力量。這個頂勁，不需要刻意強做，站在那裏，自然就有。

【注意】挑頂豎項和戳腰坐胯是一對上下對稱的力，會引導脊椎縱向舒展，時間久了，督脈自然會貫通。在氣血的滋養下，脊椎將會從下往上重新「生長」一遍，像大樹的樹幹一樣，變得很粗壯、很充實，而且生機勃勃。從「易筋」的角度講，整條脊椎可以視作一條大筋。這條大筋如果鍛鍊出來，也就形成了內家拳所謂的「大龍」。

3. 圓背空胸

脊椎從下往上「二次生長」的過程中，當向上的力量經過胸椎十二節的時候，胸椎會有一種向上挺拔之力，這

稱之為「拔背」。這也是一種自然出現的勁感，不必強做。

　　拔背之力會使胸腔——肋骨和背椎、胸骨紮成的那個「籠子」，端正、膨脹。這時練習者的體態，雖然沒有明顯的挺胸動作，但是身姿會顯得很挺拔。

　　同時，拔背勁兒會在兩肩胛骨之間分化成左右橫撐之力，將肩胛骨向左右撐開，肩胛骨橫拉，則會把背闊肌、斜方肌牽引開。背部肌肉、筋膜會自然出現拓展膨脹，圓實後靠的感覺。待背部筋骨結構定型之後，會形成一面圓似鍋蓋的「小肉盾」——真是肉長成的小盾牌。有的內家拳派保留著老的說法，叫「龜背」，指的就是這種形態。

　　拔背勁兒生成「圓背」效果的同時，還會帶動胸腔整體向後吸吞。胸腔整體後撤了，練習者的兩膀的筋膜就產生相對的向前運動，在兩肩、兩肋處形成包裹之勢，從而形成「空胸」的形態。

　　這個人體結構變化的順序，是拔背為因，圓背為果，空胸隨之自然生成。不能顛倒。太極拳譜上多寫作「含胸拔背」。有不得明師，望文生義之人，就真的試圖透過「含胸」來做出「拔背」，結果往往落了一個「窩胸駝背」的不良結果。大家不可不警惕。

　　普通人身體一般是上實下虛，胸部肌肉最易緊張，胸部緊張就會引起呼吸緊張。在做動作，尤其將要用大力氣時表現最明顯，就是胸部一挺，氣一憋。強調「空胸」這個要領就是要改變這個狀態。將胸放鬆下來，只是放鬆下來還不夠，將胸部可能產生的緊張，都解脫掉，一絲不

留，搬「空」它。無論什麼動作都不要引起胸部的緊張，就跟胸肌不存在一樣，是為「空胸」。這樣任何時候，氣息都是通暢的，氣息通暢，勁力也就通暢。

4. 肩鬆肘沉

「圓背空胸」建立的，是軀幹部位的第二個十字結構。這個結構，是人體內勁轉換的關鍵。在此基礎上，兩膀橫開後，大臂骨會像脫臼般自然向下鬆沉。這份沉重感初步可以傳遞到兩肘，此之謂「沉肩墜肘」。再傳遞到兩小臂，兩小臂順著這份沉重感一內旋，將手心轉到後面，兩肘出現略橫撐之形，此之謂「肩撐肘橫」。

此時兩腋下自然空出一拳左右的距離，整個人軀幹部位的筋骨結構，像一把將要撐開的傘。

無極樁最終形態，某種意義上也可以
稱為「無極樁」狀態

　　至此，身體已經具備了「太極」（即內渾圓）的雛形，這個過程，就是內家拳理論上所述的「由無（無極）生有（太極）」的現實演化，由無形無相的無極，步入初步有形有相的太極，即是此意。

　　太極狀態，在身體狀態上的表現就是上文所述這四個重要變化，這四個重要變化是身體開始進入內家拳狀態的四個基本要素，是最初的基礎。以此立下基礎，才可以在身體上構建內家拳的身體結構。

　　其實此時的無極樁，就是被稱為「太極樁」也無不可，但是因為其跟正式太極樁還有一些區別，故而一般仍被視為無極樁的大成形態。所以我們一般說，至此是無極勢正式定型。保持此狀態，靜聽自己的呼吸升降，品味身體自我調整產生的變化即可。四大要領繼續放大，慢慢自然會衍生出「外渾圓」，從而自然呈現出完整的渾圓樁。

二 渾圓樁

　　渾圓樁雖然是從無極樁一步步演變化生而來的，且跟無極樁一樣可以歸類為打造身體基礎的樁，但它跟無極樁還是有很大區別的。

　　相對於無極樁最大的功效是調理氣血，適合身體較弱的人；渾圓樁則是偏重筋骨的樁，對於調理身姿、建立正確的整體筋骨結構，尤其針對筋骨病的效果更好。現代人的亞健康疾病大多是筋骨勞損所致，很多人感覺練渾圓樁對身體恢復很有幫助，就是這個原因。

從這點來講，渾圓樁的練習順序確實應該排在無極樁之後，先練無極樁，氣血充盈、筋骨強壯後，再練渾圓樁效果更佳。

渾圓樁現在屬於最通俗的樁法，其練習要領，很多人都能朗朗上口，都能談上幾句。例如，什麼肩撐肘橫、含胸拔背之類的。

很多人按照這些要領去站了，有的還很下工夫，但是並沒有取得令人滿意的效果。這是什麼原因呢？

主要是沒有人給正確地引路，自己按照書本上或者網上的要領，把好好的一個樁給站「碎」了。什麼叫站「碎」了呢？

修練有正式傳承的站樁功法，是個漫長的過程。首先得定一個粗糙但結實的框架，然後在這個架子基礎上，一點一點地增加細節要領，就像精雕細刻一件藝術品一樣；對待身體不是粗暴地揠苗助長，而是像養育一個小嬰兒一樣。要精細，要耐心，要呵護他的成長。

其實渾圓樁，從這個名字就應該知道，渾圓是什麼？就是整體！

如果一上來抓不住「整體」這個主線，反而追逐著一堆細碎的局部要領來練習，能練出什麼來呢？好比寫文章，高手是重思想、重主題、重結構，講究文氣貫通，以勢奪人。庸手呢，尋章摘句，堆砌辭藻，為一兩個生僻的用典沾沾自喜，整篇文章卻文理不通，不知所云。

站渾圓樁，把握不住整體，只做局部要領，必然用的是肌肉拙力，把每個要領當作一個動作或一個姿勢來做。

這就違背了「鬆、靜」的根本原則。上一節我們說過，渾圓樁雖然是壯筋骨的，但它也是在鬆、靜前提下，慢慢把筋骨養壯的。那些要領，其實是體內筋骨生長壯大後的外形顯化。沒有筋骨「內型」做支撐，光比劃外形，必然會造成肌肉緊張僵硬，甚至戕害身體。

下面結合本門所傳的渾圓樁法，給大家解讀一下站渾圓樁時，應該如何準確地把握整體要求和細節要領。

首要的，是渾圓樁的整體調型：

（1）兩腳與肩同寬，腳尖指向正前方。體重在前腳掌、腳外緣、腳跟均勻分佈。腳內緣空出，保持足弓的彈性，承載體重。

（2）兩膝微屈，膝蓋正對腳尖。兩膝之間像夾著一個大氣球。內有夾意，外有撐力。

渾圓樁正面圖　　　　　　　　渾圓樁側面圖

（3）臀部略下坐，如坐高凳。髖關節保持一個曲折角度，好像立定跳遠的蓄勢動作一樣。腹股溝處應出現「胯窩」。

（4）兩臂在胸前抱一個橢圓。十指相對，兩中指如夾一張薄紙，指尖似挨非挨。兩肘外撐下沉，肘尖略有指地之意（兩肘斜 45° 指向地面）。兩大臂、兩小臂形成一個菱形。兩肘為長對角線。兩指尖到背後的大椎穴為短對角線。

（5）兩肩胛左右橫向打開，空胸圓背。背闊肌舒展開，形成一個大菱形。胸椎應向後弸起，將後背撐圓，軀幹陽面形成一個圓柱形。

（6）頭頂有絲線吊繫之意，軀幹正直。尾閭下垂，與頭部形成上下對爭的勁兒，將脊椎拉直。

以上這些，練習者本人需要做的，就是用著重號標註的那幾點。

其他的，都是老師負責的。老師會根據練習者的進展情況，一點點給講開。如果老師眼界再高一點，連這點粗略動作都不講，就給一句「狗熊抱大樹」，就完了。有這份機緣的學生，一下子就把握住「整勁」的模糊感覺了。

路子對了，後面精雕細刻的事由老師負責，學生心中了無罣礙，自然契合「鬆靜」真意，進境神速。

反之，沒有老師引領，這些要領都由初學者自己來琢磨怎麼練。如同把一至六年級的課本和練習題抹去序號，然後丟給一個一年級小學生，告訴他：「你自己重新設計一套小學課程吧。」正常人都會覺得荒謬。但是到了武術

上，卻總有一大批人覺得自己能做到這一點，從網絡和書籍上拼湊一些要領，然後就練起來了。決心雖然可佩，此種行為卻殊為不智。

渾圓樁的整體感，對於初學者來說，是一種模糊的體感。但是對於老師或者經過這個階段的師兄們而言，其內在的調整、變化，是非常精細、非常具體、非常講究程序和標準的。

在渾圓樁樁型的引導約束下，筋骨的伸展放長不是無限制的，而是要形成一種支撐結構。這種筋骨結構的特點是外圓內方。外在表現是撐抱結合的圓形結構，而體內的筋骨結構，則是由若干個幾何圖形相互支撐構成的。具體如下：

（1）頭與兩肩形成一個三角形。

（2）頭與兩胯骨組成一個三角形。

（3）頭與兩足組成一個三角形。

（4）尾閭與兩足跟構成一個三角形。

（5）兩肩與尾閭組成一個倒三角形。

這些三角形互相疊加，在身體內部形成了一個塔松式的支撐結構。其佈局，有點像咱們古代的三弓床子弩中那一組正反交疊的弓背與弓弦的結構。這種支撐結構具備很強的抗壓效果，傳統說法叫「支頂力」。

樁形具備了可抗各方向壓力的支頂力，即可以視作具備了初步的渾圓態。但是，只到這一步的話，還只是間架成型，尚不能稱之為樁架。兩者的區別，大概如同木頭塊搭的架子和一棵活生生的參天大樹。

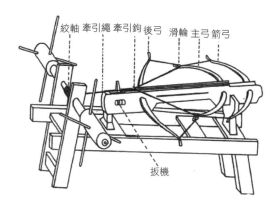

絞軸　牽引繩　牽引鉤　後弓　　滑輪　主弓　箭弓

扳機

樁的身體結構，是如同這樣的幾組正反交疊的弓疊加而成的，而不僅僅是一般理解的「一身備五弓」那樣簡單的狀態

　　樁架的成型，更加依靠經筋的作用。經筋鏈足夠發達，才能形成富有彈性的經筋結構。經筋的強化不光是要練粗練壯，還需要進一步增大周身各大關節的開合量，以及全身韌帶、肌腱拉長。拳諺所謂「筋開一寸，力大十分」。為此，我們要在間架結構的基礎上，增加新的要領。這些要領，一般不見於拳譜，屬於門內口耳相傳的秘訣。

　　試舉幾例：

1. 翻襠撐胯

　　「戳腰坐胯」的要領做到位之後，腰椎的筋會慢慢伸展開，尾閭會下沉一截。但是尾閭骨畢竟不是真的尾巴，不會垂到地上。當它下沉到一定程度，就會牽動身體陰面（前面）的筋，最先有感應的，是襠部的筋。

　　襠部的要領比較少外傳，世面上一般也就有個「圓

襠」的說法，細節上就很模糊了。襠部有提襠、合襠、扣襠等細節要領。

總的來說，就是襠部的勁兒要向上兜起來，骨盆要隨之產生一種向上翻捲的感覺。這個結構，大概是人坐著的時候的骨盆所處的形態。咱們得在站姿中把它找出來。這個千萬不能強做，一強做，往往成了腆小肚子，既不美觀，又容易引起心口窩肌肉的緊張。必須等尾閭自然鬆沉下去了，才會隨之出現。

「擰胯」是骨盆真的在內部產生翻轉運動之後，帶動周遭的筋腱擰轉產生的一種筋骨形態。重點是髖關節處的大轉子骨，好像擰棒子一樣在肉裏面轉。連帶著左右兩瓣臀肉，還有大腿上的經筋，都會產生向內擰轉著包裹之意。這個是「翻襠」的結果，想強做也做不出來。

2. 開腋通肋

「翻襠擰胯」等於是「戳腰坐胯」的升級，所以它產生的拉伸脊椎的效果會更強。脊椎被進一步拉伸之後，肩背部位會進一步向左右兩邊伸展。這時候，會牽扯到腋下、肋部的肌肉。開腋通肋，與「肩鬆肘沉」是一對對應的勁兒。

一般的內家拳練習者，多愛追求「沉肩墜肘」。很多人為了「做」到這一點，就拚命下壓鎖骨外端和肩胛骨，同時肘部用力地向下拽肩頭，並以肩峰部位能拉出一個凹陷為榮。但是要問他腋下肋間有什麼感覺，他就答不出來了。

其實不光是肩峰，腋窩也要有能容下一個乒乓球的感

覺。腋下關節開了，肋骨和大臂骨之間的筋肉才會有連通感。這一段打通了，從下斜向上撐開鎖骨、肋骨外緣的間架結構，練習者會感覺頸項周邊、胸腔上緣的筋肉得到瞭解放，呼吸變得更加深長通透。而且，肋骨扇因呼吸而產生的縮脹之力，可以直接傳導到手上。練到了這一步，就能明白為什麼傳統武術的呼吸之法能轉化成發勁。

「開腋通肋」的筋骨結構生成之後，肩頸部位如同獲得了一個三角支架，所以可以再放鬆一層，肩頸部位的筋肉可以再向外伸展一點。反過來，沒有「開腋通肋」的輔助配合，單純地沉肩墜肘，將肩、肱的筋腱拉伸到了一定程度，也就沒有什麼成長的餘地了，再強拉還會勞損筋骨。

3. 束肋護胠

開腋通肋，打開的是胸腔上部的筋肉束縛。之後，胸腔下部，游離肋附近的筋肉也會隨之鬆開。這時，練習者會感到自己的一條條肋骨被腹側斜向的條狀筋串接起來，形成板塊。過去話本小說中誇讚武士強健，常提到「板兒肋」，就是指這個。

由於渾圓椿採取的是環抱姿勢，所以形成「板肋」的筋骨結構，會在椿型的引導下，從後往前裹抱過來，並前合於胃脘（俗稱：心窩）—小腹一線。這時身體柔軟的腹腔部位，如同形成了一個罐頭瓶狀的軟甲殼，把部分臟腑保護起來。而且體腔形成一個穩固的桶狀支撐結構後，下盤生成的勁力可以損耗極小地傳遞到上盤，為形成「周身一個整勁」奠定了物質基礎。

4. 圓膝勒胯

一般樁法中，膝部多有「內夾」「內扣」等要領的說法。這種說法也是容易引起膝部、腿部的用力緊張。實際腿部如同上盤的手臂一樣，也是要抱成圓形結構的。所以絕不能出現膝蓋的「死彎」。那樣下盤結構就斷折了。所以膝部的要求為「圓」。但是怎麼就圓了呢？單純描述要領難以理解，可以藉助一個簡單的方法體會，就是假想膝部夾住了一個氣球，即不能讓它掉了，也不可用太大力把它夾破。如此，即為「圓膝」。

圓膝之後，輔之以「翻襠撐胯」，下盤就形成了一個穩固的支架結構。骨盆像是放在這個支架上的一個環狀基座。過去多將這個筋骨結構形容為「如坐高凳」。但是，如何算是「坐」到位了呢？

這裏提供一個判斷標準，腹股溝處出現胯窩，大腿內側的經筋受骨盆向下沉坐、向後退讓的牽引，有拉伸感，如同被抻住的韁繩，而腿部其他部位的肌肉，以及臀部肌肉基本能保持鬆彈狀態而無緊縮僵硬的情況，就算是胯部到位了。這種狀態，稱之為「勒胯」。

以上這些要領如果達到了，樁架便是徹底生長在身上了，並不需要練習者自己刻意用力維持，以後盤拳走架，乃至散手過招的時候，這些要領也不會丟失。所以，內家拳可以做到「練樁」，還要「用樁」，樁是實在之物。反之，如果是把這些要領當作一種局部動作，每次站樁都要靠肌肉拙力一一硬做出來，那麼只要樁架一動，它們就會散亂。樁也就是個練練身體素質的、可有可無的東西，畢

竟，局部的身體素質，練習的方法多了去了。這也是鑑別椿功真偽的標準，希望學者多多思考這兩者的區別，真正理解要領含義，才能取得應有成效。

透過上文的解析，我們可以發現，這些要領，都是利用整體骨架的深度系列調整，牽引經筋再生長和微調，然後新筋骨結構的每個局部，都會儘可能地趨近於圓形結構（至少是弧形）。最終不同經緯圈的圓形結構，匯聚成了球形結構。

孫祿堂先生說過，形意是鋼球勁，八卦是鋼絲球勁，太極是皮球勁。建立了球形結構，將來才能生成「球體勁」。掌握了球體勁的剛柔脹縮變化，可以說，就真正進入「渾圓勁」的層次了。

所以，渾圓椿的椿架結構，可以說是內家拳體系的「原始結構」。這個原始，不是初級、低層次的意思，而是「元初」、起點的含義。因為渾圓椿的結構狀態是最均衡的，哪一方面也不特別突出，但是每個方面都兼顧到了。所以站渾圓椿所求得的整體筋骨間架結構，可以任意切換成其他各種專項椿法。因此可以說，渾圓椿可以作為各種椿法——內壯椿法、技擊椿法、強化椿等的基礎。

站透了渾圓椿，其他椿法都相對更容易掌握，站好了渾圓椿，其他椿法都能獲得增益。故而內家拳的傳承體系中，格外強調渾圓椿的修練，有志於內家拳者，不可不重視渾圓椿。

第九章

形意拳「起勢開三體」解析

　　前面章節，我們對內家拳的基礎理論、框架結構和構成要素進行了一些初級的探討和分析。如果只是止步於此，那顯然還是不能構成一門完整的拳術體系的，不過是些零散功法罷了。

　　也就是說，這些還遠不是內家拳的真容。

　　真正的內家拳是高度綜合的，是這些基本要素的提煉、濃縮、組合、變化。

　　那麼這些要素是如何整合嬗變為一門內家拳術的呢？我們就用形意拳的「起勢開三體」做例題，進行一番解剖，看看在拳術體系中，這些技術元素都產生了哪些改變，又在拳術體系中發揮了什麼作用。

第一節

「起勢開三體」動作內涵解析

　　過去內家的老前輩品評一個人的拳，經常說「看一眼起勢就夠了」。

起勢開三體

　　這是為什麼呢？

　　因為內家拳的起勢，並不是一般人理解的拳術套路的「開門亮相」，結合我們前面的理論，通俗來講，它實際是對修練者自身「五大系統」的一種「喚醒」方式。

　　我們知道，即使是在進行一般的體育運動時，也應該事先做「熱身」，雖然只是壓腿、下腰、擴胸等簡單動作，卻可以起到活動關節、拉伸韌帶、調整呼吸、預熱肌肉等作用。

　　熱身完成得好，可以有效地避免運動損傷，也可以讓練習者更快地進入「狀態」。在搏擊類運動中，比較典型的例子是泰拳拳手。他們在比賽之前會非常認真地跳「拜師舞」，對自己的關節、韌帶、肌肉、呼吸，乃至精神狀態，都進行一番全面的調理。

　　我們在前面說過，內家拳的「整勁」運動模式，不僅要同時調用人體的「五大系統」，而且是在將常人的身體

結構，改變成為類似虎豹的「先天運動模式」之後才能穩定發揮作用的。這個先後天運動模式之間的改造過程週期是很長的，而且需要我們運用活身法、呼吸法、站樁功、易筋法、內動法等一系列功法才能完成。

改造成功了，我們掌握了類似虎豹的「先天運動模式」，但是我們很難二十四小時保持那個狀態，也沒有必要——畢竟我們在日常的工作生活中，還是用直立行走的「後天運動模式」比較省力。

這裏我們就面臨一個問題，平時是後天運動模式，練功時得先切換到「先天運動模式」，然後盤拳走架才有效果。

這個切換工作，如何完成？

如果每次都要把「活身法、呼吸法、站樁功、易筋法、內動法」練一遍，顯然不太可能——效率太低下了。所以，前人把這些法門串接起來，形成了內家的「起勢」，以便在極短時間內將身體模式切換到先天狀態。

因此，有經驗的前輩，看一眼起勢，便知道示範者對自身五大系統的認知、開發和整合到了哪個層次。

下面，我們就以「形意拳起勢」為案例，看一下，這麼多的內家功法是如何濃縮進一套小組合動作中的。

下面，我們就將形意拳的「起勢」動作為大家逐一做解說和分析：

（1）立正式站立，兩腳外開 90°。兩臂自然鬆垂，手心向裏，兩中指貼褲線。

【釋義】這個姿勢就是無極樁，不過不是初學時「空

空如也」的無極樁，而是訓練有得之後的無極樁。至少「戳腰坐胯、挑頂豎項、空胸圓背、鬆肩撐肘」，這代表軀幹部分內十字結構的「四大要領」，必須是在身上已經定型的。

（2）吸氣，以肘提手，兩肘向外橫開，腋下空出一個菱形空間，然後轉動肩頭，兩臂外翻，使手心向前。

【釋義】這個動作主要是為了全面打開上肢的肩、肘、腕三個關節。

原本在無極樁的狀態下，整體手臂都是向下鬆沉的。以肘提手，先牽動提拉小臂，是上提之勁，與「手掌」一節的下沉之間形成對拉，從而打開腕關節。

與此相對，肩峰到肘尖，也就是大臂一節，依然是下沉之力。這樣可以進一步拉開頸部和肩部的筋肉。

而肘作為手臂的中節，在大臂下沉、小臂上提兩個相反力量的作用下，向左右撐開。肘窩內的肌腱，像彈簧一樣，將肘關節「支」開。

肘關節橫撐，使腋下空出，可以拉開肋骨、肩胛骨與大臂骨之間的筋肉。這一點非常重要，因為作為拳法，肘部經常是要負責保護肋部的。但是直接做合肘護肋，很容易做成夾胸擠腋，引起呼吸不暢。所以，在起勢中，先把肩關節的腋下部分打開，筋肉放長，形成彈簧，給兩肋「撐出」一拳大小的空間。

等這個結構定型了，以後兩臂再做合肘護肋的動作時，腋下至少也能保持一線空隙，不至於「夾死」。這對於保證練習者的呼吸健康，以及對抗時上肢根節的靈活

性，有非常重要的意義。

　　兩臂外翻，是為了進一步打開肩關節的正面部分，同時拉伸胸肌外緣的筋肉，讓胸肋開張，確保呼吸暢通。同時讓手三陰經完全舒展開，以利於氣血運行到指尖。

　　大家可以發現，這裏既有「活肩法」的元素，又有「易筋經」的內容。

　　除了筋骨方面的鍛鍊，這個動作還有調動氣血的作用，吸氣時，開胸、開肋，使胸廓完全打開，避免在後續動作中出現窩胸、夾胸的弊端。可以把氣血從腳底的「湧泉穴」沿著足三陽經，提升到尾閭骨的「長強穴」。

　　（3）呼氣，兩手向左右平伸，到與肩同高，成大十字形。手臂翻轉至手心向上。

起勢圖一　　　　　　　　　　起勢圖二

【釋義】從筋骨層面看，這個動作相當於易筋經十二大勢中的「橫擔降魔杵」一勢，可以把軀幹部位的十字結構放大延伸，讓勁力從內而外、從頭到腳、從脊椎到兩手指尖，暢行無阻。這時，身體陰陽兩面的筋膜肌腱，都得到充分的舒展。

從氣血層面講，這個動作是把氣血從尾閭骨，沿著督脈提升到後背大椎穴的高度。如果氣血足夠充足，則可以分流灌注到雙臂、十指。

（4）吸氣，兩肱（大臂）向前裹抱，兩肘保持外撐，兩小臂向上畫弧，兩中指向眉間合攏。

【釋義】這個動作在鍛鍊筋骨方面，是進一步加大肩背筋骨的開合量。兩小臂向內合攏，看似是在「收縮」，

起勢圖三　　　　　　　　　　　起勢圖四

但是增加了兩肘外撐、空間定位的要領之後，實際產生的是「內開外合」的效果。也就是說，兩手越是向內合，胸背的筋膜肌腱越是向兩側更大程度地橫開。

在氣血方面，兩手向上畫弧，再向眉間合攏，是引導氣血過大椎，上升至頭頂的百會穴，然後下降到印堂穴。

（5）呼氣，當兩中指在眉間印堂穴合攏時，兩掌合力向下壓，像按著一個漂浮於水中的氣球，沿著身體中線，一直壓到小腹前；同時，身體隨著兩手下壓之勢，緩緩下蹲，兩膝外開，襠內空間呈菱形。

【釋義】這個動作，主要是引導氣血，從印堂穴垂直下降，沿著任脈灌注到丹田。此勢具有調理三焦的功效。

起勢圖五

起勢圖六

在筋骨層面，則是由軀幹的沉降，打開兩個髖關節，引導骨盆分為左右「兩瓣」，使其真正成為下盤（兩腿）的根節。

（6）兩掌下壓到極限，然後吸氣，握拳翻轉，拳心向上，拳面相對。小腹隨之微微上翻。丹田抱氣。

【釋義】兩掌下壓到極限，是以形催氣，將丹田內氣通過會陰，經足三陰經，降至足底，然後由握拳翻轉，引導內氣迅速返回丹田。這時小腹會很自然地出現一點點上翻的趨勢，與上腹下沉之勢相合，形成丹田抱氣。

這時，身體上半截會有向丹田裏「下抽」的感覺，下盤會有向丹田裏「上提」的感覺，丹田內部會有充實、膨脹的感覺。至此，周身的筋骨皆與丹田的腔體連通，形成「整體結構」。周身的氣血也於丹田匯聚交流，可供練習者調動。

（7）以右腳掌大腳趾的蹠骨為軸，腰椎左轉，帶動整條脊椎和骨盆向左擰轉，驅動軀幹向左轉動 90°，正面朝向原正左前方。同時，重心全部移到右腿，左腿足尖虛點地面。

【釋義】從這一動開始，我們的樁架從正面轉為側面，從調養轉為應用。

從氣血運行的角度講，丹田之氣在身體這一轉的催動之下，開始按照「拳法」的需要，向身體各處灌注。向上，灌注到脊柱，經雙胛流注到雙拳；中盤，灌注到帶脈，充實腰腹一圈；下盤，先灌注到後腿。

從筋骨的角度看，身體這整體一轉，是以脊柱為軸，

帶動全身的筋骨旋轉、擰裹，像把一個彈簧螺旋式擰緊壓滿。同時，骨盆微微斜向後橫移，身體重心轉移到右腿，坐滿胯根。

　　兩腿隨之分出虛實。右腳是實腿，但是並沒有被體重「壓死」，而是如「單腿跳」時將要起跳的狀態，是蓄滿了蹬、彈之勁的。左腳雖然是虛腿，但是也不代表「鬆懈」。左腳趾尖，依然摳住了地面。兩腿雖然併緊，但是下盤一張大弓的彈性並沒有消失。整個身勢，形成如貓撲鼠般的蓄勢態。

　　（8）與動作（7）同時，兩拳沿著身體正面中線上提至胸口，然後在胸口處變為雙鑽拳，右拳在前，鑽至下頜

起勢圖七　　　　　　　　　起勢圖八

處向前向上畫弧，直到眉高。此時，左大臂平行於地面，肘彎約 135°，肘窩朝天。左拳隨在右肘內側。

【釋義】這一動實際是動作（7）的另一部分，是身體整體的擰裹螺旋勁，向上肢傳導所產生的動作。在雙拳上鑽的過程中，螺旋勁要從肩關節、大臂、肘關節、小臂、腕關節、手掌、手指，一路傳遞過去，不能「直杵」。這樣才能將手三陰和三陽經筋像上發條一樣，裹纏在手臂骨節上，從而保證上盤在肩、肘、腕三個關節處於伸張狀態下，還能形成堅固而又不失彈性的楔形支撐結構。

這裏要強調一點，就是此處的「起鑽」並不是一個打

起勢圖九　　　　　　　　　起勢圖十

擊動作，而是從屬於動作（7）的一個蓄勢動作。完成這個動作時，需要手臂筋骨擰裹，同時勁、氣源源不斷，從根節一直灌注到梢節。

如果把這個動做作成了「打擊」，那麼肯定是肩、臂處的局部肌肉在用力，等於一個大彈簧在壓縮蓄勁過程中有一部分崩斷了，必然會導致整體結構被破壞，出現「斷勁」。後續動作也就無從繼續。

（9）呼氣，身體重心（骨盆）沿著斜 45° 線橫移，推動左足斜進一個腳掌的位置，重心落在兩腿正中間，體重五五平均分配。同時，右拳變掌向下畫弧，左拳變掌沿著右小臂向上搓，兩手在胸前高度交疊，左手在上，右手

起勢圖十一　　　　　　　起勢圖十二

在下。

　　然後手臂繼續運動，左掌掌心向下，五指向前平插；右掌自然向下畫弧，至肚臍前停住，與身體間隔一拳遠。兩肘尖斜 45° 指向地面，而不採用墜肘態，此為本門特色，在此僅為解說，不做贅述。

　　【釋義】如果說上一動是拉弓，這一式就是放箭。所以本節動作不是自己伸胳膊、伸腿擺出來的，而是上一動整體螺旋擰裹、蓄勢到位後，軀體和四肢自然展放而產生的。只不過身、足、手的去向、落點，都標好了位置，不是隨意亂發而已。

　　另外，這一動其實是一個劈槍的動作，所以雙手雖然有一個前後交替的動作，但是千萬不能真的做成一手前推、一手下按。這個動作的本質，是雙手同時向下畫弧（只不過因為身體變面的關係，出現了一個前後倒替），然後順著圓弧形軌跡，一隻手止於胸前，另一隻手止於腹前。這個動作類似一個雙手錯位的虎撲，這樣，雙臂乃至身體的整體間架可以始終保持著結構不散，特別是中線不會漏出空隙。而落勢之後，正好形成一個標準的持槍式，兩手如持一桿大槍，封住自家中線，遙指對方，可以隨時啟動下一動。

　　把上述（9）動整體回顧一遍，大家不難發現。（1）至（6）動，其實是把活身法、呼吸法、易筋法快速地練習了一遍；（7）至（9）動（其實只有兩個動作），正好是一蓄一發，是形意拳特有的「內動法」的集中體現。所以說，起勢是練習者迅速導入「先天運動模式」的方便法

門。

　　至此，我們談了談三體式的功法集合，解釋了它的動作內涵。相信你對三體式有了一個初步的認識。

　　那麼，三體式作為形意拳這門內家拳術基礎，又是如何為其拳術體系服務的呢？它在形意拳術系統的意義何在呢？

　　下一節將為大家做進一步的解讀。

第二節

三體式的內在含義

三體式，形意拳中之總機關也。

很多人把這句話理解為，三體式是形意拳實戰時的戒備式。實戰的時候，形意拳手要亮出三體式，然後再閃展騰挪，出拳踢腿。

這裏要特別強調一下，三體式真的不是，或者至少是不適合用作搏擊的「戒備式」。形意拳動散手的時候，各支派都有特有的戒備式，但大原則不離老譜上所說的「裹身藏手」，多以「懷中抱月式」為主，也有主張出手「虎抱頭」的，等等。

為什麼要特別強調這一點呢？

因為三體式主要還是練內功用的，屬於「功架」，而非「用架」。真要把三體式當成用架來站，很多訓練目的和訓練內容就混淆了，不是說完全沒用，但是會事倍功半，嚴重影響訓練效果。

如果把形意拳比作一種坦克的作戰方式的話，那麼三體式相當於這種坦克的 3D 透視模型。這個模型不是直接教你開坦克的，是教你造坦克的。

簡單來說，兩胯（兩腿）相當於坦克的履帶，「丹

田─脊椎」相當於發動機，上半身可以視作炮塔，雙臂可以比作炮管。

作為一輛坦克，你可以前進、後退、蛇形機動，你的炮塔可以旋轉，炮管可以調整俯仰射角……但是，你絕對不能說開著開著，半邊履帶掉了，或者發動機突然換位置了，擠到駕駛艙去了。

前者叫「做動作」，後者叫「結構崩散」。雖然都是在動，但是性質截然不同。

三體式是透過「站樁」的訓練方式，在體內建立一個穩固的結構。然後，透過「五行拳」等動態訓練，把這個結構的幾種內動模式建立起來。再然後，由五行內動馭使外部肢體（即一身七拳十四處，頭肩肘手胯膝足）去完成各種攻防動作，由此形成形意「拳」。這裏的「拳」，就是指狹義的搏擊技術了。

所以，三體式相當於還在車間裏、生產線上的坦克，而不是戰場上縱橫馳騁的坦克。

前者是工程師們要處理的問題。後者是坦克兵要幹的工作。

把這個邏輯搞明白了，我們才能往下談三體式含義的問題。

如果把內家拳的各項功法排在一根坐標軸上，靜養為主的無極樁是 1，強筋壯骨的渾圓樁是 2，技擊時亮出來的戒備式是 3。三體式大概處於 2.5 的位置上。它是根據下一步技擊的需要，重組人體的內部間架結構，引導人體從「生活形態」向「戰鬥形態」演化的一步功法。正如前

面說的，是從後天運動模式切換為類似虎豹的「先天運動模式」的一個過渡功法。

所以，孫祿堂祖師在講述「形意三體學」時說：「以後演習操練，萬法皆出於三體式。」請注意這裏的「以後」二字，就是說，三體式本身並不屬於演習操練的拳法範疇。它是位於拳法之前的，是調整內部結構用的。

那麼，三體式要求的人體「戰鬥形態」是什麼樣子的呢？

古人雖然說不出「改變生理結構」這種術語，但是已經認識到了這種新結構與常人形體有大不同，所以也是想盡辦法地提示後人。比較有代表性的，就是用各種動物來比喻。例如著名的「形意六相」，即雞腿、龍身、熊膀、虎抱頭、鷹捉、雷聲。不懂的人往往將其理解為模仿動物的一些拳術動作。這真是大誤會。如果是外形動作，那形意十二形所取象的動物還有七種呢，憑什麼就把它們甩在外面呢？

所以，在這裏明確一下，形意門內正式的訓練程序裏，「六相」是三體式練習過程中，練功者身體上應當出現的具體現象，自己可感、可控，他人可見、可觸。因此，「六相」也可作為檢驗三體式是否出了「功夫」的標準。

●雞腿

主要是指下盤三節胯、膝、踝的筋骨生理結構和力學支撐結構發生改變。髖骨和大腿骨之間的關節拉開，大腿骨和小腿骨之間的關節拉開，腳掌骨和小腿骨之間的關節

鳥類骨骼圖　　　　　　　刀鋒假肢圖

拉開，這三節一拉開，腿上的經筋就會自然弸起，整條腿形成一個三折的摺疊弓，有點類似新型假肢「刀鋒」，這使得膝關節的負擔大大減輕。而髖關節和踝關節，這兩個普通人不太常用但是力量其實很大的關節，就能充分發揮其作用了。尤其是髖關節，真正成為下肢運動的「力源」。

新的腿部骨骼結構，跟「雞腿」非常相似。每一條腿都能獨立支撐軀幹運動，而不失去彈性。另外，形意傳承中有一個明確的要求，「雞腿」功夫修練有成的話，練習者的「足太陽膀胱經」的經筋會弸起壯大，從後足跟直通後腰（**功夫高的人，可以向上延伸到後腦**）。這根筋旁人可以用手摸到。這是雞腿功夫的客觀檢驗標準。

普通人沒有練出這根筋，雖然也能做「金雞獨立」的動作，實際上是站不穩的，或者只能站在原地做些肢體動作而已。

●龍身

主要是指軀幹，其中重點是脊柱的新結構形態，特別

是腰椎、胸椎這一大截。脊椎是內家拳軀幹力的發動機，也是身體結構的中軸（中軸裏的實軸）。它在初級階段要求像鐵軸一樣堅固，以求整。但是隨著功夫的加深，還得像龍蛇的脊椎一樣有彈性、可彎曲，以求變。脊柱因為是由二十四節椎骨組成的，又包裹在肌肉中，其結構的改變不太容易直接觀察到。所以「龍身」的客觀檢驗標準是脊椎兩側的兩根大筋。

筆者孫氏形意的老師張烈先生，脊椎兩側的兩根筋跟嬰兒的手臂一樣粗，像兩根柱子一樣夾著脊柱，所以老爺子的動作既整又活，捷若猿猴。

●熊膀

主要是指肩胛和肋緣這一片區域的功夫。在第五章「洗膀」一節我們說過了，普通人有肩無膀。肩胛和後背是緊縮在一起的，是一坨硬肉。

練內家拳的人，得把這一節練活了，讓兩個肩胛骨能夠像兩個拳頭一樣向外伸展著打出去。這樣，下盤的蹬蹚力，中盤的丹田力才能從上肢傳導出去。這是樁（整）勁外放的一個關鍵性關口。

很多人站樁出了功夫，身子很整，但是發不出勁來，就是這關還鎖死著，勁力憋在了身上。熊膀的外在檢驗標準是背闊筋和肋下的兩根斜方筋。背闊筋擴展開來，像一面小盾牌背在背上。肋側的斜方筋像蝙蝠的翅膀，撐開後可以把腰和腋下聯結起來。

●虎抱頭

是頭顱、頸椎這一區域筋骨建構的功夫。它涉及的筋

骨結構稍微複雜一點。老師傳授我的時候，讓我去觀察虎豹撲食的影片，「虎抱頭就是老虎蓄勢欲撲那一瞬間，虎脊向後一弓，虎頭向兩前爪之間一俯，而虎項同時一梗那個狀態」。老虎不好找，可以觀察貓，貓脖子根有塊骨頭，撲食的時候可以梗起來，領起全身的勁。這不是一個單純的動作，普通人靠模仿是做不到位的，得經過正確的筋骨鍛鍊才行。

虎抱頭達標的標準，是後腦的筋槽填平了。普通人後腦有兩根豎向的筋，中間形成一個凹槽。練內家功夫的人，這個槽是平的，甚至有一根筋隆起來，比原來兩邊的筋還要高。

●鷹捉

是上盤的功夫，關鍵是腕骨要鬆開，手掌骨要能分開，好像手腕子以下直接就是手指。小臂上的筋，前通五指，後達肘後，陰陽兩面，全都挑起來。這時候能感覺自己的手臂尺橈二骨，像一截四棱鐵鐧，藏在皮膚裏。勁力要能灌注指尖，做到了，第一節指骨有把指甲往外頂的感覺，像鷹的爪子尖露在外面一樣。

●雷聲

屬於內功範疇，內氣升降，鼓盪內膜，臟腑得氣，五內震動如雷音滾滾，而成其雷聲。氣勁循經內行，隨拳勢展放時才有震天撼地之勢。

以上是雷聲本意。但是通常有人認為口內發聲就是雷聲。這是誤解。

形意是「閉口拳」，不講究向外發聲。雖然在練雷聲

初期，一般也會用「噫」「呦」兩個音做引子，但是並不像外人想像得那樣極力吼叫。而是要聲往內轉，借音波震動內裏，疏通氣血，充實臟腑，這與佛、道持咒的原理相通。只有內裏元氣極足的時候，才會在發勁時自然而然地吐氣開聲。內氣不足，妄練雷聲只會白白浪費元氣。

說到這裏，有個問題值得特別拿出來解說一下，那就是「六相的訓練指向」問題。

六相雖然是針對人體不同區域提出的訓練課題，但是在實際操作中，不能用一般健身的思路逐個部位去練。

六相是三體式樁法對人體進行全面改造的最終成果，是內家拳訓練理論的功效在身體各個部位的具體顯現。

通俗來講，「六相畢現」代表的就是內在的「功力」在身體上的外在表現。

喜歡內家拳的朋友們肯定對「功力」這個名詞不陌生，但是對於什麼是功力，卻沒有一個具體的概念。

簡單而言，「功力」就相當於內家拳的「身體素質」。但我們仍稱之為「功力」，而不使用「身體素質」這個名詞，除了為了堅持傳統外，其實更因為「功力」的內涵不完全等同於「身體素質」。

功力的本質，除了包含筋骨的強健程度、氣血的充沛程度、臟腑的充實程度、神意的敏感程度，是以上幾個方面的綜合體現之外，更多的是指以上幾個方面的鍛鍊成果，透過整合，可以使練習者擁有怎樣的能力、可以達成怎樣的效果、實現怎樣的目的。

這些能力並不是僅僅表現在打擊力和抗打擊力方面，

很多是普通人所想不到的、各種獨特方面的能力。

例如身體的移動能力，老話常說，要能「前竄一丈，坐腰八尺」。於今人要求可以不這麼高，但是兩三米的距離，還是要能夠「一撲而至」的；還有可以形成穩固的「樁態」結構，有關「樁態」於「整勁」的重要意義，前文有講解，在此就不再贅述了；還有內家拳最具標誌性的將人拔根而起的「發放」能力，等等，不一而足。

而以上這些能力的實現，歸根結底都離不開「六相」作為身體基礎提供支持。

而要求得六相之功，還得踏踏實實在三體式樁功上下功夫。六相具現，證明三體式已經達標，人體的戰鬥結構已經基本定型，可以「開拳」了。

第三節

三體式的外用原理

　　三體式的外用方法，可以說相當於是整部形意拳了，因為「萬法出於三體式」，那可不是一個章節，甚至一本書能講明白的話題。所以，我們在這裏只簡單介紹一下基本原理。

　　這個基本原理其實廣為人知，就是一句話：「守中用中」。

　　關於這個口訣，歷來解讀是很多的，有上升到哲學層面的，也有具體到間架結構上某條線段的，各有各的道理。總之，可以看出，這個原理，詞句雖然簡單，但是含義卻很深刻，確實是形意拳，甚至內家拳應用的核心所在。

　　諸家所論筆者不敢加以評判。下面僅以筆者就這些年來所學、所見談點一家之言，希望於讀者們有所裨益。

　　欲談守中用中，需先明白何謂「中」。就操作層面而言，「中」主要強調了兩點，一是「中定」，二是「中線」。這兩個概念，都是有樁之拳才必須嚴格遵循的原理。沒有站過樁的、站樁沒有「得勁」的人，無論如何也體會不到、理解不了。所以這裏，我們先用打比方的辦法做個說明。

　　如果把人體比作一支古代軍隊，有樁之拳，就相當於列陣而戰的軍隊。與敵方對峙、互衝，乃至混戰時，陣中的將士都很沉著鎮定，陣列不潰散、不混亂，還可以按照中軍主帥發出的指令隨時變陣。

　　能保持住穩固的陣列，這種狀態，就是做到了「中定」。拳術術語稱之為「持樁」「不丟樁」，外在表現為樁架不散。

　　如果「中定」不斷加強，到了一定程度，就如同建成了一座營寨，甚至一座城池，那麼守城一方的優勢就大大增加了。一是人為製造出了地形之利，防禦難度大幅降低；二是可以在城牆掩護下實現部隊內線調動，較少受攻城方的干擾；三是可以透過城門實施防守反擊。在這種情況下，為了快速反應，統帥往往會把帥帳設在城寨的中間點上，這個位置與四方城牆、城門的距離相等。不論哪一方面遭到攻擊，或者準備從哪一座城門出擊，統帥都能及時調兵支援。相對地，敵方想「翻牆」攻擊，那難度就大大增加了。

　　最理想的情形就是奪取城門，把守方的兵力堵回去，然後沿著城中大道，直搗守方的帥帳，迅速鎖定勝局。那麼，從城門到帥帳的這條大道，就是「中線」。那麼守軍呢，自然是要時時注意「守中」了。

　　不過，人體畢竟不是城牆，不可能形成真正的大面積防禦，而且對方出手千變萬化，光守著中線怎麼才能護住全身要害呢？

　　這還要從三體式的前身「持槍式」裏追根溯源。筆者

中平槍持槍式圖。如果取掉此圖中的槍，則姿勢極為類似三體式。老傳大架三體式就完全採用這個姿勢

所學的李旭洲先生所傳的形意拳法中有句口訣，叫「身前一尺有團牌」，這句話源自《手臂錄》裏的槍訣 「圓則上下左右無不防護，身前三尺如有團牌」。形意拳是脫槍化拳，戰術指導思想自然也深受槍法的影響。三體式，特別是老傳大架三體式（前手平胸，後手齊腰）就是標準的中平槍持槍式。從槍法層面進行分析，更好地理解拳術中「守中」的意義。

槍就是一根帶尖的棍子，有長度，沒有面積。如果在靜止狀態下看，各種持槍式的漏洞都很大，怎麼破？

我們智慧的祖先在長年的戰爭實踐中總結出來的辦法是，用槍圈來建立動態的防線。使槍人用腹部緊貼槍桿後半截，用腰胯內動畫圈。因為槍桿有一定的韌性，丹田搖轉之力傳導到槍桿上，槍桿的前半截會「涮」起來，形成一個錐形的「罩子」，身前便如同多了一面旋轉的盾牌。沒玩過大槍的，可以自己拿筷子打個雞蛋，看看筷身到碗中旋轉液面的形態，也就明白這個道理了。

以使槍人的身體中線為縱軸，以槍桿為橫軸，兩條直線確定一個平面。把前手視作這個平面上的一個基準點，前手外側為「外門」，前手裏側為「內門」。外門來的兵器「攔」（也就是逆時針的槍圈），裏門來的兵器「拿」（也就是順時針的槍圈）攔拿互變，就是槍法中的「黑白鷂子」。然後輔之以各種身形步法，讓槍圈總擋在對方攻擊面和自己身體之間，也就是說，讓自己的身體總是藏在這面「團牌」之後。這樣不管對方的兵器怎麼來，只要入了這個範圍，要麼被磕飛，要麼被捲入，從而形成「槍裏藏身」的效果。

說到這裏大家應該能夠有所感悟，這種槍法已經不是一招一式的對抗，而是用一種變化模式去應對多種武器的各種進攻方式。使槍人以自己的持槍式將敵我之間的空間分割，以槍桿和自身中線為坐標去測量對方攻擊的方向、角度和軌跡。可以說，一個用槍好手，姿勢一擺，就如同在身前設置了一個帶十字刻度線的瞄準鏡。對方的一舉一動都在他的控制之下。不管對方來襲多麼突然和猛烈，使槍人都可以按照既定模式，透過小幅度的樁架內變調整，來消解對方的進攻。

本章第一節中，強調起勢最後落成三體式的時候，要如持一槍，目的就是為了形成這個狀態。這就是三體式樁態下防禦的基本模式。

守中，可以說是內家拳手在樁態下防禦的總則。與之相對，樁態下的進攻模式就是「用中」了。「用中」包括三方面內容。

一 中節發勁

中節，廣義指軀幹，狹義則專指腰腹襠胯這個區域。主要是鍛鍊髖、骶骼等大關節及附屬肌群、肌腱和筋膜。形意拳的母拳「心意六合拳」，就有一套完整的「中節功」，是在吸收了道家的內功之後，又進一步發展為「丹田功」。丹田功的原理，我們在內動法中有所介紹。心意拳發展到形意拳，丹田功的修練方法也有所嬗變。其實三體式中也包含了一部分鍛鍊丹田發勁的方法，因篇幅所限，本書就不具體介紹了。

中節發勁的總原則就是一句話：「以不動之腰脊，催動動之手足。」中節發勁的檢驗方法也很簡單、有趣，就是把手背到背後打拳，看看手臂這個「引子」沒了，自己還能不能做出拳法中的各種勁來。

這個方法，心意一形意發展的比較系統，甚至單獨成了一個小技法體系，叫作「膀打」。現代拳擊也把這個作為一項輔助訓練內容，叫「抖肩」。要求練習者背著手，或者抱住架，純用身體打直勾擺，勁能從肩頭抖出去，就證明真是軀幹發勁。對自己有要求的內家練習者，可以時不時地用這個檢驗一下自己是不是走在正軌上。

二 中線出手（勁）

這裏說的「中線」，是個狹義概念，專指從鼻尖到肚臍，也就是任脈這一條線。人的眼睛、咽喉、心窩、小

腹、下陰等要害，都在這條線上，所以屬於搏擊中的「兵家必爭之地」。甚至說得誇張一點，格鬥的大部分內容，就是藏好自己這條線，然後想辦法打擊對方這條線。

中線出手，或者說出勁，簡單來說，就是能在中線所在的人體矢狀面上打出勁力來。

大家可以觀察一下，普通人是做不到中線出手的。普通人的打鬥習慣是從身體兩側發拳，也就是掄胳膊，俗稱「王八拳」。越是沒有打鬥經驗的人，手臂的擺動幅度越大。反過來，凡是經過技擊訓練的人，都設法將手臂擺動的幅度越練越小，而且出手軌跡越來越接近中線。這樣就能趨近於「攻防一體」。

用拳擊做參照比較典型、直觀。剛開始接觸拳擊的人，都覺得擺拳最好使，運動幅度大，能使上勁。但是一

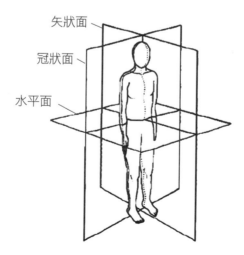

矢狀面

冠狀面

水平面

狹義的中線，專指人體矢狀面正中的這條線

且對抗時就會發現，擺拳空當太大，很容易被人抓住漏洞打反擊。

好一點的拳手，有的喜歡使用勾拳，運動幅度稍小，而且出拳軌跡更隱蔽。但是勾拳距離短，而且出勾拳時往往會有一個很短促的「掉手」的動作，那一瞬間面部沒有防護，被對方抓了漏就慘了。

達到一定水準的拳手（一般要經過一至兩年的系統訓練）才能在實戰中運用好直拳，距離長但出手回手速度快，角度小但力量大。配合好步法和身法，幾乎可以讓對方的勾拳和擺拳發揮不出威力。大家可以比較一下，擺拳、勾拳、直拳的出手軌跡是不是越來越接近中線所在平面？

但是直拳也沒有完全做到中線出勁，它從臉頰出手，打到中線位置，實際還是有一個極小的夾角。從技術上真正嚴格做到中線出手的，典型的例子就是形意和詠春，代表性技術是崩拳和子午捶（日字衝拳）。

為什麼這一南一北兩大以實戰性著稱的拳種都那麼強調中線出勁呢？

正是因為普通人，甚至包括一部分經受過格鬥訓練的人，手臂從中線出擊的時候，是發不出勁來的！

大家可以試一下，正直站立的情況下，把自己的肘先放在（儘量靠近）自己劍突處，然後向前出拳，你看還能打出多大的力量來？普通人不但打不出力量來，而且還會覺得夾胸憋氣、擠肋聳肩。

這意味著什麼？

　　這就意味著，在兩個人對抗的時候，沒有經過「中線出手（勁）」訓練的那個人，身體上中線所在的那條狹長區域是不設防的！而掌握中線出勁能力的人就可以集中火力轟炸這一條區域，在這裏不但不會遭遇強力的反擊，而且連像樣的防禦都遇不上。就好像冷兵器時代的老兵油子，專門往對方的鎧甲縫隙裏遞槍尖刀鋒一樣，幾乎是一捅一個準。

　　以上說的是「中線出手」的好處，當然這項技術也存在一定的弊端，就是有悖於常人的發力模式，相當不好出勁。詠春子午捶的單次打擊殺傷力不足一直是該拳的一大困擾。形意的崩拳易練而難用也是因為這個原因。不過好在前輩們也摸索出了彌補的辦法。詠春可以透過苦練「簽力」「擂力」，結合步法，再提高打擊頻率等幾種辦法結

以詠春拳攤手樁為預備姿勢實驗一下，此時雙手都合於自己身體中線，大家可以嘗試下以這個姿勢沿身體中線出拳，還能打出多大力量來？

合來提升攻擊效果，也就是大家在銀幕上常見的機關槍式的進馬連環子午捶。

　　而形意拳也差不多，由射腿、丹田崩炸等方法，借身步之勁來形成打擊力。李小龍曾經說過，他的全部武功精粹就是兩點：進身與發力。形意拳的方法相當於把兩者結合起來，進身就是發力，發力就是進身。說白了，就是把「中線出手」與「中節發勁」相結合，從軀幹的大關節和大肌群運動中補足力量。

❸ 中軸運動

　　關於中軸，我們在「內動法」一節就有所提及，這裏可以詳細說一下了。

　　中軸其實分虛實兩根。

　　虛軸就如字面意思，是沒有實體的，本質來說類似一種人體的感覺。但又是一種客觀存在，它是人體最符合「中軸」這個概念的中軸，因為它就是位於人體正中。

　　右圖中的垂直軸，就是人體的虛軸。

　　虛軸的感覺就像是有一

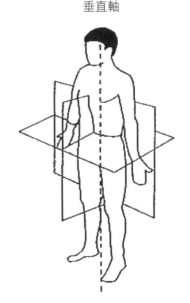

垂直軸

人體的垂直軸，即是「虛軸」（虛的中軸），位於人體正中

根線從天空中降下來，由頭頂百會穴，貫穿會陰穴，向下延伸到地心，把整個人拎在空中。這根虛軸對應的是丹道修行裏「中脈」的所在。找到了虛軸，這時練習者會有一種「有主心骨」的感覺，做各種動作一下子有了基準。

鑒於大多數讀者可能沒有關於中軸（虛）的切實體驗，所以這裏多說兩句。普通人是沒有中軸（虛）的。過去咱們的老祖宗講究「站如松，坐如鐘」。大家可以觀察一下，現在的人，身體結構是非左歪即右斜，總是一半掛靠在另一半上，像個癟皮球。比如大多數人是右撇子，所以多以左半身做支撐，右半身自由活動。

大家可以看一下辦公室的同事，如果他是坐著右手用鼠標，很快身體就會向左斜倚，脊椎斜著，左肩聳著，自己還覺得挺舒服。很多辦公室病由此而生。

沒有中軸（虛），對日常生活影響還不算大，但是在技擊中的危害可就大了。因為對抗的時候，人體肯定要高低起伏、前俯後仰、左撐右轉。如果沒有中軸，隨著動作的變化越來越劇烈，人體結構就散了，老話叫「抱不住架子了」。這個相當於兩軍交戰的時候，一方的陣勢崩潰了，這一旦被對手抓住機會攻進來，那就是一潰千里，一敗塗地了。

尤其是未經過系統訓練的普通人，打架的時候重心容易上浮，出拳時身體易前栽，躲避時易後仰。有時其實不是真被對方打倒的，而是自己身體擺動過度跌倒的。

但是有了中軸（虛）的感覺，人體就像不倒翁，不管晃悠得多厲害，總能回歸到那條看不見的重力作用線上。

所以，中軸（虛）不是主觀臆想出來的，是修練樁法鬆沉勁真到了上虛下實的程度，自己生出來的。

實中軸就是脊椎。之所以要把脊椎作為中軸的一種單獨提出來，就是因為，如果把人體比作一艘船的話，脊椎就是船的龍骨。所以，脊椎這個中軸（實），也是極具意義和價值的，值得單純列出來，提出這個概念。

形意拳的築基階段，脊椎要練的像根頂天立地的鋼軸，勁力才能上下連通，形成整勁。在無極樁階段，實軸（脊椎）會有一種延伸感，像袋鼠的尾巴，撐到地上。整個人像古代的鼎一樣，下盤是三條腿支撐，特別穩。實軸上的勁感是從下往上的，力感很實在；正好與虛軸從上往下吊起來的「虛靈勁」對稱。

無極樁站到了體腔出現「空桶感」時，就能明顯感到虛軸是在桶的正中央，實軸是在桶壁上。

實軸是內動生成內勁的總發動機，虛軸是身體在空間中運動的標竿。形意拳之所以稱「形意拳」，脊椎實軸是「形」的根，中線虛軸是「意」的根，虛實互相作用，共同構成了形意身法運動、軀幹發力的根本所在。

這麼表述可能有點過於理論化。咱們說實際的。

作為一名形意拳手，在對抗中必須要做到以下三點：

（1）能夠在空間中整體位移──站著不動肯定是要挨打的。

（2）發勁必須是從中節力源發動──要不然打擊力不夠。

（3）要根據對手的攻擊隨時調整中線的火力配置，

也就是自己的間架、手法——要不然漏手了還是要挨打的。

這三件事，如果真需要拳手分心三用，那麼也不用打了，自己就把自己搞亂了。必須把這三項工作統合到一個要點上，拳手實戰時只要專注於這一點，就能引動三個方面同時起效。這個要點就是中軸運動。

筆者學習孫氏形意拳的時候，恩師張烈先生反覆強調，形意拳的每一式都要把步法推進的力量、身體轉動的力量、出手的力量疊加在一起。

要做到這一點，關鍵就是用內在的虛、實二軸的運動催動這三個身體上的動作。把這個基礎模式打牢夯實了，而後才能嘗試應用時的各種變化。所以三體式很重要的一項訓練內容，就是掌握虛、實二軸的變化模式。

形意門內各支派對於站三體式時的重心分配問題，一直存在分歧。有說三七的、有說四六的、有說一九的，還有徹底「獨立」的。其實真要從「重心」理解，這個話題毫無意義。你站定式時還可以講究個前幾後幾，一旦動起來，哪還能死守著一個配比不變？所以這些說法，其實研究得過於流於表面。

形意拳中，談到「重心」的真意，說的是中軸在椿架內的轉換之法。我們知道，在站成平行椿法的情況下，身體重心是處於骨盆正中，虛中軸正好垂直於這一點。兩者類似過去的鐘錘與鐘擺。內動法中擺髖法，是由直接橫移有形的骨盆，來找到鐘錘。而三體式中所謂的「重心倒換」，實際是由無形的中軸移動，來調動「重心」這個鐘

錘，再由重心的變化，帶動軀幹（脊椎）在樁架結構範圍內的移動。最簡單來說，當虛中軸向前移動時，軀幹也整體向前擁撞，相當於向敵人發起進攻。當虛中軸向後移動時，軀幹隨之整體向後抽撤，相當於對敵人的攻勢進行閃避、吞化或者捋帶。在這個身法往復的動勢上，增加一些具體技法，就能衍生出拳術攻防的最基本戰術模塊之一——進退。

在此基礎上，中軸運動還可以再增加起落、橫移、旋轉、搖晃等變化，外在樁架也可以隨之派生出橫走豎撞、橫拉斜進、斜行正擊等戰法。於是，一個簡單的三體式也就由此逐步演化成了一套完整的形意拳法。

至此，對形意拳「起勢開三體」的介紹算是可以告一段落了。從這套動作（也可稱之為功法）再反觀前面各章的內容，相信大家會對內家功法的原理、體系及設計思路有一個更加清晰、深入的認識。如果在此基礎上，大家結合自己所學，還能夠有了一些自己的心得體會，那更是再好不過的事情。

最後再寄語讀者諸君：內家功是實實在在的人體科學，不是什麼神功秘法，但也不是可以隨意拼湊增刪的體操套路。只要明其理，守其規，投注心血汗水，假以時日，必能有所成就。

後記

　　本書得以結集出版，實在是幸甚。

　　正是多虧了諸多師友、同道的幫助和鼓勵，這些淺陋的文字才能得以面世。感謝。

　　首先要感謝的是我的諸位老師們，孫氏武學的傳人張烈先生，宋氏形意的傳人吳炳文先生、師伯吳紹田先生、師叔魏春先生，還有其他長輩們。正是他們的諄諄教導，才使我走上了內家武學的正途。這既是學識的道路，也是人生的道路。他們的教誨，不僅僅在拳學理念上，更有人生之路上潛移默化的影響和引導，使我漸行漸悟，少有迷惑。感謝。

　　還要感謝我的朋友們。既有我的同門師兄弟，還有很多不是親兄弟，卻勝似親兄弟的兄弟們，還有我在生活中的每一天遇到的諸位朋友們。他們對我無論是知識的傳授與交流，還是生活上的交心與鼓勵，或是工作上的溝通與合作；無論是千言萬語的關懷，還是隻言片語的溫暖，都是對我的幫助。感謝。

　　更要感謝這些年隨我學藝的弟子、學生們。古語有云：教學相長。他們既是在跟我學習，同時也是在助我修行，感謝他們。拳學真理之下，我們並無二致，此語共勉。

　　師兄靈山雲，既是我的大學同學，又與我同列於孫

氏、宋氏門牆廿年。他身兼津門意拳巨擘趙道新、張恩桐兩位前輩的傳承，在本書撰寫過程中，與我一道，梳理半生所學，構建理論框架，釐定適合初學者入門的體認功法，並承擔了大量的基礎性文字工作，頗費心力，特別感謝。

弟子翁昭侃、羅兆鵬、崔巍為本書成書提供了大量幫助，特別感謝。

紙短言長，難述盡感激之情。寥寥文字，聊表寸心。

劉　楊

2018 年 12 月 8 日於穗

國家圖書館出版品預行編目資料

內家拳的正確打開方式 / 劉楊著.
——初版，——臺北市，大展，2021 [民 110.02]
面；21公分—（武學釋典；48）
ISBN 978-986-346-323-8（平裝）
1.拳術 2.中國
528.972 109019961

內家拳的正確打開方式

著　　者／劉　楊

責任編輯／胡志華

發 行 人／蔡森明

出 版 者／大展出版社有限公司

社　　址／臺北市北投區（石牌）致遠一路 2 段 12 巷 1 號

電　　話／（02）28236031，28236033，28233123

傳　　真／（02）28272069

郵政劃撥／01669551

網　　址／www.dah-jaan.com.tw

E-mail／service@dah-jaan.com.tw

登 記 證／局版臺業字第 2171 號

承 印 者／傳興印刷有限公司

裝　　訂／佳昇與業有限公司

排 版 者／菩薩蠻數位文化有限公司

授 權 者／北京科學技術出版社

初版 1 刷／2021 年（民 110）2 月

定價／420元

大展好書　好書大展
品嘗好書　冠群可期

大展好書　好書大展

品嚐好書·　冠群可期